여우의 꼬리를 얻다

여우의 꼬리를 얻다

초판인쇄 2012년 11월 30일
초판발행 2012년 12월 5일

지은이 박현정
발행인 서정환
발행처 좋은수필사
출판등록 1984년 8월 17일 제28호
주소 서울시 종로구 삼일대로32길 36
(익선동 30-6 운현신화타워빌딩) 301호
전화 (02)3675-5635, (063)275-4000
E-mail bestessay@hanmail.net

값 8,000원

ISBN 978-89-97700-92-9 03810

여우의 꼬리를 얻다

박현정 에세이

좋은수필사

감사의 말

밤은 무르익은 오월의 밤, 미풍은 남녘의 미풍.

나는 길을 잃고 헤매며 내가 얻을 수 없는 것을 찾고, 찾지 않는 것을 얻습니다.

젊은 시절 타고르에게 삶은 헤매고 찾는 가운데 뜻밖의 자신을 발견하는 과정이었을까. 문득 고개를 들어보면 내 생각과 달리 어느 낯선 곳을 서성이는 나를 만난다. 돌아보니 글쓰기도 내게 익숙지 않은 세상을 헤매는 중에 만난 하나의 꿈이었던 듯하다. 그 꿈을 혼자 만지작거리다 지나간 시간을 느끼면서 천천히 책을 만든다.

알 수 없는 가운데 이끄는 신의 손길, 내 밋밋한 삶에 무늬를 넣어준 주변사람들의 애정과 수고, 책과 삶에서 만나는 천만 개 다른 인물들의 모습, 그들과의 대화 가운데 나는 날로 다듬어지고 성장한다. 내게 익숙한 많은 것들을 좋아하지만 나와 내 글은 늘 새롭고 산뜻하기를 바란다. 선물처럼 주어진 내 삶의 모든 것에 감사한다.

박현정

| 목차 |

셋

넷

다섯

하나

표현이란 용기이며 노력이고
뭔가 하면서 이루고자 하는 열정이다.

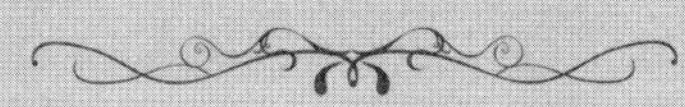

꿈같이 밤의 환상같이

아침부터 내리던 비가 잦아든 십일월 오후 창덕궁 낙선재에 갔다. 창덕궁 입구에 도착해보니 관람객은 나와 세 커플뿐이다. 아마 오전 내내 비가 내린 탓으로 사람들이 관람 예약을 취소한 것 같았다. 헌종의 사랑과 예술이 빚어낸 곳, 사랑의 전설이라는 말에 끌려 낙선재 일원을 보면서도 함께 관람하는 세 커플들이 서로 사진을 찍어 주는 모습에 시선이 가곤 했다.

낙선재는 헌종이 사대부 집 규수인 경빈 김씨를 궁으로 맞아들이면서 지은 품위 있고 아름다운 민간 양식의 주택이다. 헌종의 개인적인 공간이 낙선재이고, 수강재는 대왕대비를 위한 집이며, 낙선재와 수강재 사이에 숨어 있듯 깊이 자리한 석복헌은 경빈 김씨의 처소이다. 크고 화려한 창덕궁의 건물들과 견주면 궁궐 건물이 아닌 듯이 아담하고, 창덕궁 안에 있으면서도 별채의 느낌을 주며 창경궁과 사이에 담을 두고 있는 아늑한 곳이 낙선재이다. 작지만 아늑하고 치밀하게 공을 들인 예쁜 건물이라는 인상이다. 그러면서도 이곳이 조선 황실 가족의 마지막 안식처였다는 점에서 애잔함을 느낀다. 왕이 자신과 사랑하는 이를 위해 궁궐 안에 이렇게 사대부 집같이 소박한 집을 지었다는 것이 조선 왕조의 마지막을 예견한 듯한 건물로 보여 서글픈 심사도 든다.

책과 글씨를 사랑한 문예 군주 헌종은 조선 후기 외척 세도 정치가 절정이던 시기의 임금이다. 그는 팔 세에 왕위에 올라 두 번의 결혼을 한다. 첫째 부인이 후사가 없이 죽자, 두 번째 부인을 간택하는 데 참여하여 눈에 든 이가 경빈 김씨였으나, 자신의 뜻과 다르게 홍씨가 계비로 간택된 것이다. 그로부터 삼 년 후 헌종은 계비 홍씨에게 후사가 없다는 이유로 처음부터 마음에 두었던 경빈 김씨를 후궁으로 맞이한다. 사람들은 마음으로 원하는 것과 현실로 받아들이는 것에는 큰 차이가 있음을 안다. 헌종이 마음에만 김씨를 두지 않고, 결국에는 궁으로 김씨를 맞아들이고 더 나아가 그녀를 위해 집까지 지었다는 구체적인 이야기가 있어 낙선재는 더 매력적인 장소가 되고 있다.

경빈 김씨와 낙선재에 머무는 동안 헌종은 계비 홍씨가 있는 창덕궁 내 대조전에는 아예 발길도 하지 않는다. 헌종은 자신이 사랑하는 김씨를 다른 후궁들처럼 왕비가 있는 창덕궁의 어느 거처에 머물게 할 수는 없었던 것 같다. 그것은 왕비나 김씨, 무엇보다 왕 자신에게 모욕적인 일이었을지 모른다. 왕의 그러한 진정성에도 불구하고, 그들의 사랑은 짧았다. 기울어가는 조선 왕조의 운명 탓이었을까. 아니면 아무리 둘의 사랑이 순수하고 열정적이라 해도 타인의 마음을 아프게 하고서는 결코 온전할 수 없었던 탓일까. 경빈 김씨를 후궁으로 맞아들여 낙선재에 머문 지 햇수로 삼 년쯤 되었을까. 왕은 홀연히 죽음을 맞이한다.

이 곳을 안내하는 이는 경빈 김씨의 처소인 석복헌 기와에 새긴 글자며 거미 모양, 호리병 모양으로 만들어 놓은 마루 난간 등의 문양 의미를 설명하며 경빈 김씨는 이곳에서 무척 부담스러웠을 거라고 말한다. 왕의 여러 여인 중에 오직 경빈 김씨에게서 후사를 보고 싶었을 헌종의 마음, 조선시대 여자로서 사람으로서 누릴 수 있는 복을 이곳 석복헌에 살면서 경빈 김씨가 온전히 누리기를 바라는 헌종의 애틋한 마음이 나타난 다양한 문양들이 바로 사랑의 징표이다. 헌종이 죽자, 경빈 김씨는 후궁의 신분이기에 궁을 떠나 사가에 머물게 된다. 그녀는 자신을 위해 정성이 바쳐진 이 집을 어떤 마음으로 떠났을까.

낙선재 후원에 올라 꽃무늬 담장 곁에 서서 고궁 건물을 바라보며, 나는 두 번째 이혼을 하고 다시 연예계에 복귀하는 여배우가 인터뷰하면서 하던 말을 떠올린다. 무슨 질문의 답이었는지 그녀는 도대체 사랑이 있기나 한 건가요 하고 반문하듯 대답한다. 여러 드라마에서 로맨스의 주인공으로 열연하던 이의 공허한 대답에서 나는 메울 수 없는 꿈과 현실의 간극이 느껴져 마음이 짠해온다. 오늘날에는 대중스타들이 남다른 사생활이나 그들이 나오는 멋진 드라마를 통해 유행을 선도하고 일반 사람들은 그들을 보며 사랑의 환상에 젖기도 한다. 이러한 역할을 오래전에는 왕가의 가족들이 많은 부분 담당했을 것이다. 그런 면에서 볼 때 조선 후기에 지어진 낙선재는 당시 백성들에게 왕실의 사랑 이야기가 담긴 먼 꿈같은 사치품일 수 있다는 생각이 든다.

하여 헌종과 경빈 김씨의 꿈이 나타난 낙선재는 사랑을 찾지 못한 이에게는 목마른 이가 꿈에 마셨을지라도 깨고 나면 여전히 갈증이 있는 것처럼 부질없는 꿈같이, 밤의 환상같이 다가올지도 모른다. 그럼에도 남의 꿈을 엿보는 즐거움이 없이는 삶이 적막하다. 한편 살아서 헌종의 아낌을 받으며 현실의 사랑을 체험한 경빈 김씨에게도 이곳은 밤의 환상 같은 곳이지 않았을까. 어제의 로맨스도 지나고 보면 아득한 꿈속의 일 같은 것이다.

법도에 매인 인간인 왕은 죽어서는 두 왕비 옆에 나란히 묻혀 왕비들에게 경의를 보이고, 살아서는 경빈 김씨를 위한 집을 세움으로 그들 사랑의 증거를 남겨놓았다. 헌종의 마음만은 낙선재의 경빈 김씨 곁에 두고 간 것일까. 사람이 살아야 하는 처소는 누군가의 마음속이라는 말처럼 서로 마음 하나씩 나누어가질 수 있는 그들이었다면 현실의 이별이 길었다 해도 경빈 김씨의 마음 안에 행복한 불씨 하나는 늘 간직하고 살았을 것이다.

오후가 늦어질수록 추워지는 십일월, 관람을 마치고 낙선재를 나와 앞서 가는 커플 한 쌍의 뒤를 터벅터벅 걸어가는데 내 뒤를 따라오던 해설사가 잠시 기다리자고 한다. 낙선재 담장 밖에 있는 공간에서 나머지 두 커플들이 사진을 찍으며 지체하고 있었던 것이다. 추억을 만드느라 분주한 그들 뒤로 견고한 담장에 둘러싸인 낙선재 일원의 기와집을 가만히 바라본다. 이런 날 눈이라도 내리면 저 애들이 강아지처럼 좋아하겠지. 나도 눈이 내리는 날 이곳에 와서 조용히 눈이 내려앉는 낙선재와 석복헌을 오래오래 바라보고 싶어진다.

노래에 살고 사랑에 살고

동네에는 호열자가 창궐하는 가운데 한 여인이 오두막에서 몸을 풀고 있다. 그녀는 소설 토지에 나오는 인물 임이네로 지금 용이의 아이를 낳고 있는 중이다. 드디어 아기가 나와 울음을 터트리고 아이의 성별이 가려진다. 아들이다. 이 때 임이네의 얼굴에는 승리의 미소가 번진다. 아이가 없는 용이에게 아들을 낳아줌으로 이제 삶의 버팀목을 잡고 든든히 살아갈 수 있음을 생각한 미소였을까. 아니면 어려운 시절에 건강한 아기를 낳은 기쁨 때문이었을까.

그러나 이 인연이 임이네의 가슴에 불덩이를 안고 살

아가게 만들 줄은 정말 몰랐을 것이다. 건강하고 예쁜데다 손끝이 야물어 일도 잘하는 그녀가 아들까지 낳아줬지만 남편 용이의 마음을 잡지 못한 까닭이다. 이 마음의 허기가 지난날 겪은 가난의 공포까지 더해져 그녀의 마음을 끝없이 거칠고 삭막하게 할퀴면서 스스로를 극복하지 못하게 한다.

사람에게 일이란 생계를 유지하면서, 자존심을 지켜주는 활동이며 세상에서 자신의 존재 이유를 확인시켜주는 것이다. 자신이 좋아하는 일을 하면 인생의 반이 행복하다고 하는데, 나머지를 받쳐주는 것은 뭘까. 아마 그것은 사랑이 아닐까 싶다. 자신을 사랑해주는 이를 위한 수고, 자신이 좋아하는 취미나 공동체를 위한 헌신과 같은 애정일 것이다. 사랑은 소금처럼 사람에게 활력을 주는 요소가 된다.

죽은 남편의 원수를 응징하고 도시를 건설한 카르타고의 여왕 디도는 자신의 마음을 바친 아이네이아스가 떠나버리자, 내가 미치느니 죽는 게 낫다며 가슴에 창을 꽂는다. 디도에게 아이네이아스가 사랑의 대상이었다면, 긴 항해에 지친 아이네이아스에게 디도는 무엇이었을까. 잠시 쉬면서 맛보는 달콤한 환상이었을까. 아니면 아이네이아스의 눈을 속여 길을 잃게 만드는 안개 같은 것이었을까.

시험에 떨어졌을 때, 누군가의 눈빛에서 자신을 향한 미움을 보았을 때 사람들은 당황하고 상심한다. 더구나 자신의 마음을 바친 대상에게 거절당하는 것은 상대가 죽는 것보다 더한 상처를 준다. 차라리 죽었다면 애틋한 추억으로 남을 수도 있을 것을, 배신은 지난 날의 기쁨이 비수가 되어 자신을 향하게 한다. 그래서 사람들은 동생 아벨을 죽이기까지 한 카인의 마음을 안다. 카인의 정성 어린 제사는 신에게 거부당한 것이다. 사랑의 거절은 분노를 낳고, 분노는 마음의 범죄를 키우기도 한다.

최인훈의 소설 광장에는 육이오 후 전쟁 포로가 되어 제 3국을 택하는 주인공이 나온다. 그런 그가 외국으로 떠나는 배 위에서 바다로 몸을 던진다. 남과 북에서 자신의 광장을 누릴 수 없던 그였어도, 밀실에서 사랑을 나누던 이가 곁에 있었다면 중립국에서 새로운 광장을 꿈꿀 수 있지 않았을까. 불륜으로 맺어진 안나 카레니나와 브론스키의 운명은 톨스토이의 소설 속에서 비극으로 막을 내린다. 그 둘은 밀실에서는 뜨겁게 사랑했으나, 세상으로 당당히 나갈 수 없게 되자 틈이 벌어지기 시작한다.

밀실에서의 사랑만으로는 생이 불안했던 것이다. 자신의 광장에서 노래하며 날개를 펴기 위해서는 밀실에서의 행복이 필요하고, 건강한 사랑을 위해서는 자기실현을 위한 광장이 필요한 것일까.

소설 토지에 나오는 다수의 인물 중에 진정한 승자는 조준구의 아들 조병수라 생각한다. 양반의 핏줄은 이어받았으나 도덕적으로 결함이 많았던 부모를 비난하거나 외면하지 않았고, 소목장小木匠이 일로 자신의 장애와 자학을 넘어섰다. 원망하고 절망하다 자신의 인생을 끝낼 수도 있었을 방황의 시간을 바른 심성으로 견뎌내고, 그는 직업인으로 한 가정의 가장으로 스스로 만족하고, 주변인들에게 존경받는 사람이 되었다.

꿈과 현실, 갖고 싶은 것과 가질 수밖에 없는 것과의 갈등, 자신의 품질과 세상에서 얻을 수 있는 것과의 틈 사이에서 하루하루 조절해나가야 하는 것이 생활의 고뇌가 아닌가 한다. 삶은 내가 하고 싶은 것과 해야만 하는 현실의 간극 속에서 나를 방황하게 한다. 소설 속 인물들은 알 수 없는 바다나 달려오는 기차에 몸을 던지면서 자기 절망에 충실하지만 현실 속 사람들은 어영부영 혹시나 하면서 사는 게 보통이다.

시작부터 나의 의지와 상관없이 운명처럼 던져진 이 생에서 태생적 한계를 극복할 수 있을 것인가. 사회 속의 관계라는 삶의 구조 안에 갇혀 살며 어떤 새로운 것을 꿈꾸지만, 자신을 얽어매는 결핍과 억압에서 도약하여 자유로워질 수 있을 것인가. 그렇지만 자신의 결핍이나 어쩔 수 없는 부분에 대해 냉정해지고 객관적으로 바라볼 수 있는 의연한 태도를 기르는 것이 중간에서 서성이는 사람들이 삶을 지속시키기 위해 필요한 성숙이기도 할 것이다. 아니 그것은 성숙 이전에 평온하게 삶을 지탱시키기 위한 기본 조건인지도 모른다. 행복은 아마 눈부신 성공이나 특별한 사랑보다는 자신의 운명이나 선택을 감당할 수 있을 정도의 균형 감각에서 오는 것이 아닐까 하는 생각이 든다.

시소게임

팔십년대 중반 무렵 내가 고등학생이던 때, 집에서 보던 시사주간지에 내 호기심을 자극하는 기사가 실렸다. 바로 필리핀 독재자 마르코스 실각 소식이다. 조국 필리핀보다 개인의 권력과 치부에 힘쓴 마르코스 일가의 부정부패가 정점에 다다라 결국 막을 내리고, 그들이 살던 마닐라의 말라카낭 궁에 남기고 간 호화로운 자취가 칼라 화보로 실려 있었다. 그 화보 중에 나를 사로잡은 것은 마르코스의 부인 이멜다가 미처 챙겨가지 못한 채 두고 간 삼천 켤레의 구두다. 필리핀 민중을 비롯한 세계 언론이 독재자 일가가 남긴 부정부패의 규모와 호화로움에 분노하는 동안, 나는 잠시 이멜다가 누린 삶에 부러움이 스치기도 했다.

필리핀 어느 작은 섬 출신의 이멜다는 수도인 마닐라로 나와 학교에 다니며 기회를 잡는다. 정치 지망생인 부유한 마르코스의 눈에 띈 것이다. 마르코스는 구애하고 이멜다는 받아들인다. 이멜다는 가난했지만 눈부신 외모와 세련된 매너로 주위사람들을 사로잡았고, 마르코스는 가문과 경제력을 바탕으로 정치적 야망을 이루려는 꿈이 있었다. 이멜다와 마르코스는 먼저 인간적으로 끌렸겠지만, 서로 간에 힘이 되어줄 수 있는 관계임을 예상할 수 있었기에 결혼에까지 이르렀을 것이다. 마르코스는 이멜다가 지닌 장점이 자신의 정치 인생에 유리하게 작용할 것임을 간파했을 것이고, 이멜다 입장에서는 마르코스를 통해 성공과 부유함, 권력까지도 누릴 수 있음을 짐작했을 것이다.

남녀 간의 사랑은 어디서 오는가. 우연히, 뜻밖의 자리에서 또는 계획된 곳에서 남녀는 만난다. 서로가, 혹은 한쪽에서 상대에게 애정이 느껴지면 누군가 먼저 표현하게 된다. 상대에게 아무리 호감이 있다 해도 개인적으로 관심을 나타내지 않으면 아무 일도 일어나지 않는다. 표현이란 용기이며 노력이고 뭔가 하면서 이루고자 하는 열정이다. 표현의 결과로 서로 마음이 통하여 상대방을 받아들이면 처음 한동안은 사랑에 빠지게 된다.

상대를 위해 무엇이든 해주고 싶고, 서로 함께 있고 싶은 얼마 동안의 시간이 지나면 각자가 처한 환경을 생각하고, 현실적인 면을 따지게 된다. 자신을 혼미하게 하던 사랑에서 깨어나 서로의 처지를 자각하게 되어 힘을 겨루며 갈등하는 단계에 이르는 것이다. 만일 이러한 고통스런 자각과 갈등 후에도 서로를 받아들이기로 결심한다면 관계 속에서 변화하여 현실적 사랑에 이를 수 있다. 별것 아닌 것 같으면서도 현실의 무게는 만만치 않아서 서로에 대한 모든 것을 감당하고, 관계를 위해 기꺼이 수고할 준비가 되었을 때 일상을 나누는 사이가 되어 사랑 안에 머무를 수 있는 것이다.

영화 닥터 지바고에는 러시아 혁명이라는 혼란기를 거치며 지바고와 라라의 사랑 이야기가 펼쳐진다. 이 드라마를 라라의 입장에서 보면 세 명의 남자가 그녀 인생에 스며들면서 전개된다. 코마로프스키는 현실주의자로 아주 교활하며 부도덕하지만 어느 정도 책임감은 있어 보이는 변호사로 라라와 지바고가 증오하는 인물이다.

파샤는 목적을 위해서라면 수단을 정당화하는 편협하고 고집스러운 혁명가이며 처음에는 순수한 면도 보이지만, 결국 라라 인생에 재앙을 가져오는 법적인 남편이다. 지바고는 의사이자 시인이며 인류애가 있는 매력적인 주인공으로 라라와 감성 코드가 맞아 서로 사랑하는 사이지만, 현실 대처 능력은 다소 미약한 인물로 보인다.

격변기의 러시아라는 잔인한 시대 배경에도 불구하고 지바고가 보여주는 인간적인 순수성과 낭만적인 정서는 관객을 매료시키지만, 유약하고 감성적인 지바고는 어려운 시대를 건너기에는 나약하여 결국 그가 증오하는 코마로프스키에게 라라를 맡기고 헤어진다. 지바고와 라라는 서로 사랑에 빠진 후 사랑을 나누는 관계로까지 발전하지만 사랑 안에 머물지는 못한다.

나폴레옹이 다섯 살 연상의 조세핀을 만난 것은 프랑스 혁명으로 떠오르는 별이 되었을 때이다. 권력으로 가는 길에 있던 나폴레옹에게 능력과 명성은 있었으나 프랑스의 실력자나 사교계의 인맥이 필요했다. 당시 사교계의 여왕이던 조세핀은 나폴레옹에게 부족한 인맥을 연결해 줄 수 있는 여자였다. 이들의 관계에서 재미있는 것은 신혼 시절 다른 남자를 만나는 조세핀으로 인해 나폴레옹을 조바심 나게 하던 것을, 나중에는 최고 권력을 가진 나폴레옹이 여러 여자를 만나면서 조세핀을 애태운 것이다. 그들의 결혼 생활 동안 나폴레옹이 출세를 거듭하여 황제가 되자, 조세핀도 황후가 되지만 황제가 원하는 것을 줄 수 없게 되자, 그들은 헤어진다. 그럼에도 나폴레옹이 야망을 펼치며 인생을 구가하던 시절을 함께 보내고 그와 처음 결혼한 여자인 탓인지 나폴레옹의 옆이라면 오스트리아 공주가 아닌 조세핀이 떠오른다.

어느 날 지하철역 앞에서 나누어주는 무가지를 펼치니 사랑은 시소게임이라는 광고 문구가 마음에 닿는다. 가치 있는 파트너는 가치 있는 맞수이기도 한 것이다. 모든 관계에는 보이지 않는다 해도 서로 주고받는 미묘한 바로미터가 존재하는 걸까. 스스로 성숙하여 자기 내부의 조화를 이룬 이가 시소 위에 올랐을 때 타인과 조화를 이루며 즐길 수 있을 것이다.

자신의 인생을 멋지게 변모시켜 줄 남자를 기다리는 여성의 의존적인 마음을 신데렐라 콤플렉스라 하고, 재투성이 아가씨에서 유리 구두의 주인공이 되어 왕자의 배필로 선택된 신데렐라를 신분 상승의 모형으로 말하기도 한다. 마르코스를 만나기 전 가난하지만 아름다운 이렐라도 그런 유형의 실현으로 보인다. 생각해 보면 자신을 받아주는 이에게 의지하지 않고 살만큼 강한 사람이 있을 것인가. 남녀가 서로에 대한 기대 없이 사랑 속에서 성장한다는 것이 가능할까. 신데렐라는 자기 삶을 위해 애쓰다가 자신의 격에 맞는 사람을 만난 것이 아닌가 한다. 집안일에 허덕이던 신데렐라가 무도회에 나가 왕자를 만나고 돌아오며 급하게 서두르다 구두 한 짝을 잃어버리는 순간, 그들의 시소게임이 시작된 것이다.

여우의 꼬리를 얻다

일요일 오후, 혼자서 외로움에 허우적거리다 겨우 일어나 밖에 나간다. 이상하게도 나는 일요일 오후가 되면 혼자 있는 적막감을 감당하기가 어려워진다. 오후의 그 몇 시간이 내게 주는 공포의 근원이 무엇인지 생각하고는 하는데, 그런 탓인지 일요일 오후에 뭔가 일이 생기는 날에는 며칠 전부터 안도하기도 한다.

파트리크 쥐스킨트의 소설에는 세상에 섞이지 못하는 외톨이들이 나온다. 사람을 피해 걸어다니는 좀머 씨나 지상의 천국인 방 한 칸에 나타난 비둘기를 보고 달아나는 조나단, 콘트라베이스를 연주하며 살아가는 독신의 남자, 깊이가 없다는 평론가의 말에 절망하는 여류 화가까지. 그의 작품 향수에도 세상과 타인들의 삶에 무관심한 채 자기만의 세계 속에서 살아가는 향수 제조자 장 바티스트 그르누이가 나온다.

세상 누구에게도 기댈 수 없는 고아로 자라는 그르누이에게 유일한 삶의 끈은 후각이다. 그는 자신을 둘러싼 모든 세계와 사람들을 코로 인지한다. 타고난 후각을 갈고 닦아 최고의 향수 제조인으로 성장한 그의 꿈은 특이하게도 천사의 냄새를 만드는 것이다. 자신의 본래 그대로 사람들 주위에 가면 적대적이던 남들의 시선이 자신이 간단히 만든 그저 그런 향수를 바르고 나가도 사람들의 시선이 부드러워지고 친절해지는 것을 경험한 그르누이는 속으로 환호한다. 냄새의 위력을 실감한 것이다. 그 냄새를 맡은 사람이면 냄새의 주인을 좋아할 수밖에 없는 천사의 냄새, 그래서 사람의 마음을 지배하는 향기를 만들고자 하는 것이다.

자신의 향수를 위해 스물다섯 명의 소녀를 살해하여 냄새를 얻는데도 그르누이는 아무런 망설임이 없다. 단지 하나하나 자신이 원하는 향기를 채취해 향수를 만들어가는 스스로가 대견하고 자랑스럽기만 하다. 그는 꿈을 이루어 자신이 만든 향수로 인해 사람들에게 살인마에서 신이 보낸 천사로 인정받기에 이른다.

그런데 꿈의 절정에서 이 기이한 천재는 절망한다. 향수로 신처럼 사랑받는 인간이 되었지만, 자신만은 천사의 향수에 도취될 수 없었으며, 향수를 뿌리지 않은 있는 그대로의 자신을 표현하고 사랑을 주고받을 수 없음을 깨달은 것이다. 그르누이는 향수에 사로잡혀 살다가 인식하지 못했지만, 그가 원한 것은 남들처럼 애정과 마음을 나누고 사는 일이었을까. 아마 무의식 중에 그르누이는 자신의 향수로 그런 삶이 가능할 거라 상상한 것인지도 모른다.

그르누이의 삶을 따라가다 보니 나도 글을 쓰는 이유의 하나로 남들에게 사랑받고픈 욕구를 포함하고 있다는 생각이 든다. 세상 사람들의 삶 자체가 그런 것이 아닐까. 세상을 제대로 살기 위하여는 자기 역할에 맞는 재능과 능력이 필요하다. 그러나 능력만이 전부일 수는 없다. 역할과 기대를 벗어던지고 자신 자체로 돌아가도 있는 그대로의 나를 받아주는 곳이 필요하다.

향수와 같은 어떤 가면 때문에 사랑받는다는 것은 얼마나 씁쓸한 일인가. 차라리 그르누이가 자신의 재능을 밀천으로 경제적 성공을 위해 애썼다면 위선적으로나마 남들처럼 살 수 있었을지 모른다. 무서울 만큼 교활하고 어이없을 정도로 냉정하고 잔인했으나 자기 자신 자체에 헌신한 그의 순수성에 혐오할 수만은 없는 안쓰러움이 느껴진다. 그건 아마 나 자체로 인정받고 사랑받고 싶은 내 안의 욕망과도 맞닿아 있기 때문일 것이다.

향수를 읽는데 여우의 꼬리를 얻은 자는 사랑받아서 누구든지 그를 좋아한다는 말이 생각난다. 세상에서 가장 어려운 일이 사람의 마음을 얻는 것이라는 점을 생각하니 삼국지에 나오는 유비가 떠오르며 그의 온화한 성품이 부러워진다. 나도 여우의 꼬리를 얻을 수 있다면, 일요일 오후가 두렵게 다가오지 않을 텐데.

내게 장 바티스트 그르누이가 만든 향수 한 병만 있다면 좋겠다. 그가 소녀 스물다섯 명의 체취를 수집해 만든 천사표 마법 향수까지 원하지는 않는다. 적대적인 사람들 사이에 있는 그에게 호감을 받을 수 있게 하던 그르누이표 인간 향수면 된다. 그 향수에 의지해 나와 이상하게 어긋나는 공격적인 사람들 속에 섞이게 될 때만 아주 아껴 써보고 싶다.

파리스의 변명

선택은 자아의 본성을 직접 반영한다는 말처럼, 타인의 진짜 마음은 그의 말에서보다는 선택에서 알게 되는 경우가 있다. 그것은 내 마음을 잘 모를 때도 적용된다. 내가 선택한 것을 보고서야 내 마음이 어디에 쏠리고 있는지 알게 되기도 한다. 이렇게 자신이 별 생각 없이 한 작은 선택이 위험한 것은 그 결과로 삶의 중요한 문제가 예상치 못한 방향으로 결정될 수 있어서이다. 살아가면서 크고 작은 일을 시시때때로 결정해야 하는 선택의 순간에 직면하기에 누구나 자기 자신을 잘 아는 것이 필요하다.

자신이 트로이의 왕자인 줄 모르고 이다 산의 목동으로 있던 파리스는 어느 날 여신들로부터 하나의 선택을 제안받는다. 헤라의 권력과 재산도, 아테네의 지혜와 용기도 마다하고 그는 아프로디테가 제안한 가장 아름다운 여인을 선택한다. 그 때 파리스에게는 사람이 입은 어떤 지독한 상처도 치료하는 재능을 가진, 이다 산기슭에 사는 요정 오이노네가 있었다. 그럼에도 파리스는 자신이 누릴 수 있는 사랑보다 더 아름답고 극적인 사랑을 원한다. 그는 결국 여신의 도움을 힘입어 메넬라오스의 아내이며 딸의 어머니이기도 한 헬레네를 유혹하여 트로이로 돌아오는데 성공한다.

그러나 그들의 사랑은 십년간의 트로이 전쟁과 트로이성의 몰락으로 이어진다. 여기서 전쟁과 패배보다 더 안타까운 것은 그들이 함께 살게 된 뒤로 찾아온 긴 실망의 늪이다. 파리스의 젊음과 눈부신 미소에 이끌렸던 헬레네는 시간이 감에 따라 파리스의 나약함과 즉흥성에 실망한다. 전쟁이 잦았던 그 당시에 남자가 갖출 덕목은 용감한 전사였을 것이다. 그러나 파리스는 부드럽고 멋진 말을 할 줄 아는 남자이기는 했으나 지혜 있고 용감한 사람은 아니었던 것 같다.

한눈에 끌리는 남녀의 사랑은 강렬하고 매혹적이기는 하나, 그만큼의 위험도 갖고 있다. 그것이 세상의 틀에 따르지 않을 때는 모험이 된다. 바로 그 위험성과 금지의 영역이라는 제한이 사람의 마음을 더욱 자극하는지도 모른다. 순간의 열정이 지속되는 행복으로 이어졌으면 좋은데, 헬레네와 파리스는 열정이 사라진 자리에 실망과 좌절이 남는다.

트로이 전쟁 마무리 무렵, 파리스는 필록테테스의 독화살을 맞고 견딜 수 없는 고통으로 몸부림친다. 그 때야 그는 이다 산에 두고 온 자신의 옛 연인을 생각해 낸다. 그는 오이노네에게 가서 헬레네에게 간 것은 운명의 장난이었고, 그녀를 만나기 전에 죽었더라면 좋았을 것이라며 자신을 도와달라고 말한다. 그 때 창백한 오이노네는 헬레네에게 가보라며 돌아서 동굴로 들어가 버린다. 그러고는 화를 풀고 나와 파리스를 도우려 했지만 그는 사라진 뒤였다.

말도 없이 자신을 버리고 간 남자가, 세월이 한참 흐른 후에 찾아와 지난 일을 잊고 도와 달라고 할 때, 여자가 바로 도와주겠다며 눈물을 흘리기는 어려울 것이다. 오이노네의 마음에 남은 한과 미움이 좀 누그러질 때까지, 시간이 걸릴 거라고 생각 못한 파리스는 오이노네의 거절에 산속으로 들어가버린다. 아마 자신이 오이노네에게 용서받기 어려운 잘못을 했음을 알고 낙담한 탓도 있을 것이다.

아무리 신이 정한 일이라 해도 인간은 자신의 선택으로 세상을 살아간다. 세 여신과의 갈등이 부담스러워 최고의 신 제우스조차 선택하기 망설였던 일을, 파리스는 주저하지 않고 선택한다. 또 그는 헬레네를 데려올 때도 그녀를 둘러싼 동맹국들과의 관계를 생각해 보지 않았던 것일까. 여신의 도움이 있으니 모든 것이 잘 풀릴 거라고 생각했을까. 그는 가벼운 선택으로 인생의 질곡에서 허우적거리게 된다. 그리고 자신의 모든 것을 잃었을 때에야 오이노네에게 돌아와 변명한다. 그것은 운명 때문이었다고, 어쩔 수 없었다고.

사람들은 때로 어떤 일이 운명 때문이었다고 말하길 좋아한다. 그러나 그것이 신이 마련한 일이었다 해도, 결과에 대한 책임은 사람의 몫으로 남는다. 어쩌면 운명은 우리가 마음으로부터 원하는 그림일 뿐일지도 모른다. 자신의 생각과 마음이 운명이라는 이름으로, 자신의 인생을 끌어가는 것이 아닐까.

자신이 감당할 수 없었던 선택을 아무 의심 없이 할 수 있었던 파리스는 그만큼 순진하고 걱정 없는 사람이지 않았을까 싶다. 파리스가 죽어서 불길로 타오를 때, 오이노네는 그 불길 속으로 몸을 던져 그와 한 몸이 된다. 오이노네는 어쩌면 파리스의 마지막 변명을 믿었을 것이다. 아니 그에 대한 사랑 때문에 믿을 수밖에 없었을 것이다. 그런 믿음조차 없다면 그녀 삶은 아무것도 아닐 것이기에. 그녀는 여러 단점과 불명예로 얼룩진 파리스를 있는 그대로 사랑한 여인이었다.

이다 산을 내려오면서 시작된 파리스의 세상 경험은 오이노네의 사랑을 알기 위한 긴 여정이지 않았을까. 자신이 누구인지 알고, 자신이 행복할 수 있는 곳이 어디인지 알았을 때, 파리스는 죽음의 문으로 들어선다. 이다 산의 목동으로 오이노네와 행복했을 그는, 정말 운명의 장난으로 분에 넘치는 것을 탐하다가 몰락하고 말았다.

나는 파리스의 이야기를 읽으면, 사람이 자기 자신을 아는 일이 이토록 어려울까 하는 생각이 든다. 하지만 파리스가 휘저어놓은 세상 때문에 불멸의 인류 유산이 남지 않았는가. 때로 자신을 모르는 것도 괜찮을 것 같다.

둘

야외무대의 객석 뒤에
서있는 나무들도 비에 젖고,
자리에 앉은 사람들 위로
크고 작은 갖가지 색깔의 우산이 펼쳐진다.

타인의 수고

아마추어 합주 모임의 정기 연주회를 공원 안에 있는 야외무대에서 하기로 일정을 정했는데, 연주회를 며칠 앞두고 그 날 비가 온다는 일기 예보다. 연주회 날 비가 온다는데 어쩌느냐고 단원들이 한 번씩 염려의 말을 내게 건넨다. 그 해 나는 총무를 맡은 입장이어서 며칠 전부터 일기 예보가 맞지 않기를 바라는 마음에 한 번씩 걱정이 지나간다.

정기 연주회를 야외에서 하는 것은 관객이 드문 탓이다. 실내의 공간을 빌려서 하면 정말 잘 알고 애정을 지닌 이가 아니면 오는 경우가 드물어 연주회 분위기가 더

썰렁한 것을 경험한 모임에서 되도록 야외 공간에서 오가는 사람의 마음을 붙잡아보려는 심사이다. 아무래도 야외에서 해야 모르는 이들에게 모임을 알리는 효과도 있고, 한 사람이라도 관객으로 더 끌어들일 수 있기 때문이다. 그러다보니 사람들이 야외활동하기 좋은 때에 연주회 일정을 잡게 되는데, 이번에도 가을의 막바지에 애써 정한 날 비가 온다는 예보를 들은 것이다.

일주일에 한 번 모여 기악으로 음악 연습을 하고 일년에 한 번씩 정기 연주회를 갖는다. 그것은 남보다는 단원들을 위하는 측면이 있다. 누군가는 관객도 별로 없는데 복지관에 가서 봉사 연주할 때에 정기 연주회를 같이 하자는 의견도 있었으나, 일년 동안 공부했으면 우리를 자축하는 자리이기도 한데 그럴 수는 없다는 말에 모두 수긍했다.

처음 연주회를 할 때는 처음이라는 설렘과 기대 속에 각자의 가족들을 초대했다. 그러다 몇 년이 지나고 보니 음악이 일상이 되어 연주회가 뭐 새로울 것도, 남다른 것도 아닌 것으로 가족들의 관심도 멀어지는 상태가 되었다. 그러자니 관심 있는 이웃들을 초대하게 되는데 사람들이 바쁘기도 하고, 제 나름의 관심사가 아니면 쉽게 반응이 오지 않는다.

지난해 동인지를 만들기 전에 회원들이 낸 전체 원고를 집에서 혼자 읽고 있는데 마음에 한가닥 슬픔이 파고든다. 사람들은 정성을 다해 쓰고, 잡지에 발표한 후 다시 비용을 들여 책을 만드는데 이 수고와 가치는 누가 얼마나 알아줄까 하는 생각이 든 탓이다. 무심한 세상에서도 이렇게 써야만 하는 것은 무엇 때문일까 하는 막연하고 쓸쓸한 기분이 드는 것이다. 연주회를 준비하면서도 그런 비슷한 기분에 잠시 아득해진다.

그러나 남이 알아주는 것보다 자기만의 가치가 있고 하지 않을 수 없는 뭔가 있기에 사람들은 글을 쓰고 음악을 할 것이다. 그것은 스스로 황폐해지지 않기 위한 나름의 노력이며, 마음과 생활을 가꾸며 지켜야 하는 자존심 같은 것인가. 손에 잡히지도 보이지도 않는 무엇을 위해 애쓰는 동안 간간이 찾아오는 공허감에 마음이 흔들리기도 하지만, 아마 그것은 허상의 세계에 마음 하나를 내주고 살아야 하는 사람들이 감수해야 할 대가인지도 모른다.

입장를 바꿔 보면 나는 타인의 수고에 일일이 답하고 살아가는가. 누군가의 성취를 보고 그의 뒤에서 이루어졌을 숱한 노력은 간과하고 겉으로 보이는 매끈한 모습에만 부러움과 시샘을 보낸 적은 없는가. 사람들은 저마다 자신도 모르는 사이 수고한 사람들의 혜택 속에 살아가면서도 공기처럼 모든 것을 당연한 듯 받아들이는 것이 아닌가 싶다. 이 세상에 부족한 것은 기적이 아니라 감탄이라는 말처럼 관심 없다는 이유로 무심히 지나쳐버린 일들은 얼마나 많을까. 그래서 나를 알아주는 누군가, 함께 공감하며 이야기를 나눌 그 사람이 소중한 것이다. 또 어떤 세상을 헤맨 후에 그런 이들을 만날 것인가. 나도 타인도 그렇게 남들의 수고와 나의 수고에 기대어 살아가는 것이리라.

일요일 오후, 예정된 연주회가 시작된다. 날씨는 아직 괜찮다. 한 번씩 흐린 구름이 몰려오는가 싶지만 비는 오지 않는다. 원형으로 된 야외의 객석에 관심 있거나 심심한 사람들이 머물고 연주는 진행된다. 한 곡의 연주를 마치면 박수 소리 속에 환호하는 이가 있고 떠나는 이도 있다. 연주회 후반 무렵 예보되었던 비가 내리기 시작한다. 야외무대에 지붕이 있어 악기가 비에 젖는 일은 없지만 지붕과 노천 사이에 서서 지휘하는 지휘자의 어깨 위로 비가 소리 없이 내려앉는다. 그는 아랑곳하지 않고 지휘하고 우리도 날씨와 상관없이 약속된 연주를 한다. 야외무대의 객석 뒤에 서있는 나무들도 비에 젖고, 자리에 앉은 사람들 위로 크고 작은 갖가지 색깔의 우산이 펼쳐진다.

연주회는 끝났다. 바람이 더 강해진 듯하면서 비가 내린다. 연주회를 위해 준비한 음향 기기들과 피아노며 의자 같은 것들을 가져가기 위해 도와주는 분들이 빗속을 다니며 분주하다. 단원들은 시작할 때 비가 오지 않아 다행이라고, 그래도 잘 마무리되어서 좋다고 웃는 얼굴로 이야기하며 제각기 악기를 싸며 안도한다. 그리고 서로 뭔가 아쉬운 듯 잠시 머뭇거리며 서 있다가 다음에 만날 날을 한번 확인하고는 다시 일상을 향해 빗속의 풍경 속으로 걸어간다.

운명의 연습

어느 영화에서 부유한 남자가 가난한 여주인공에게 오페라를 보여주기 전에 이른다. 오페라는 처음 볼 때가 중요하다고. 알고 모르고를 떠나 처음 볼 때 좋지 않으면 나중에 진가를 알아도 영혼으로 느낄 수는 없는 것이라고.

고양이도 자신을 귀여워해 줄 사람은 한눈에 알아본다고 하듯이 첫 만남으로 시작하는 첫인상은 그 대상이 무엇이든 그와 나 사이의 과정과 결과를 가늠하는 역할을 하는 경우가 많다. 만남의 횟수보다 중요한 것은 서로가 처음에 무엇을 만나느냐가 아닐까. 첫눈에 반하는 것은 대상에 대한 호감이나 애정이 자연스럽게 솟아나는 마음이다. 자연스러움이란 인간이 추구하는 가장 완전한 경지일 것이다. 그렇기에 오랫동안 정든 세월도 소중한 것이지만 첫눈에 반하는 것은 더욱 좋은 일이다.

황해도 해주에서 나고 독일에서 작가 생활을 하다 생을 마친 이미륵은 자라는 동안 서구 사회를 동경한다. 서구인들은 생존 경쟁과 죄악, 현실의 근심과 걱정을 모르고 지내며, 지혜의 길만을 추구하는 아름다운 이들일 거라 생각하며 그곳에 몹시 가고 싶어한다.

그런 바람 때문이었을까. 그가 의대생으로 재학 중에 삼일만세운동이 일어나고 그는 일본의 폭력을 피해 서구로 향한다. 나는 이미륵이 삼일운동과 관련되어서만 고국을 떠났으리라고 생각지 않는다. 꼭 외국으로만 도망해야 할 것도 아니고, 그 외국이 멀리 유럽의 한 나라일 필요도 없는 것이다. 그가 자라면서 키운 서구에 대한 동경이 도피라는 필연으로 다가와 그를 압록강을 건너고 대서양을 돌아 독일에 정착하게 한 것이 아닐까.

공부하리라는 꿈을 안고 자신이 그리던 서구에 정착했을 때 그는 깨달았는지 모른다. 얻는 것이 도리어 잃는 것일 수 있으며, 이제는 예전과 반대로 고향에 대한 향수가 자신을 괴롭히리라는 것을. 어린 시절 떨리는 마음으로 서구를 그리워하던 것은 운명의 연습이었을까.

마음으로 반하고 동경하게 되는 것에는 운명의 싹이 있다. 사실 내가 반한 상대는 내게 기쁨과 함께 아픔을 주는 대상이 되기도 한다. 내가 어떤 대상에 탐닉할수록 상대는 손닿을 길 없는 먼 곳으로 달아나 버리기도 하며, 어려움 끝에 그리던 것을 얻은 후에도 어느 정도는 그것이 환상으로 덧입힌 것이었음을 깨닫는 경우도 있다. 그러나 이제 너무 멀리 와서 이 관계를 청산할 수도 없을 때, 그것은 어찌할 도리 없는 운명으로 자신 안에 자리잡는다.

차이코프스키는 어린 시절 집에서 살롱 음악회가 열리는 날이면, 머리를 쥐어 싸며 음악이 나를 이렇게 만들고 있다며 괴로워했다고 한다. 그래서 가족들은 피아노 치는 것을 너무 좋아하는 그를 되도록이면 피아노에서 떨어뜨려 놓으려고 애를 썼다는 이야기도 전해진다.

어릴 때 음악이 항상 자신을 따라다닌다고 했으면서도 차이코프스키는 처음부터 음악의 길로 가지 않는다. 막상 직업을 선택해야 할 시기에는 법률학교를 졸업하고 공무원이 된다. 그렇게 오랜 시간을 다른 길로 가다가 음악으로 돌아온다. 어린 날 그를 괴롭히며 머릿속에서 울리던 소리는 그의 평생을 헤매게 한 숙명의 소리임을 결국에는 받아들이게 된 것이다.

서구를 동경하다 고국에서 도망친 이미륵에게는 오히려 고국을 향한 마음이 글쓰기를 가능하게 했고, 음악을 좋아했으나 그것이 주는 고통까지 감지하고 이에서 도망치려 했던 차이코프스키는 결국 음악에서 존재 의미를 찾을 수 있었다. 도망친 자의 내면 깊이에 있는 그리움을 자신의 언어로 표현한 이들은 보이는 세계와 보이지 않는 세계를 연결하는 그리움의 본질을 알고 있었을까.

처음부터 어쩐지 나를 돌아보게 하고 동경하게 하던 그 무엇, 이상하게 내 마음에 남아 나를 집요하게 괴롭히던 바로 그것이 운명이 되는가. 보물을 찾는 이에게 섬이 아름다워 보물이 있는 것이 아니라 보물이 있을 거라는 기대가 그 섬을 아름답게 하듯이, 마음을 사로잡은 환상이 사람을 움직이게 하여 열정과 기대로 끌고 가는 추진력 위에 자기 인생이 세워지는 것인가.

낯선 곳에서 문득, 어쩌다 자신이 여기까지 오게 되었는지 의아해지며 욕망이 멈추고 내면의 정적이 머무는 순간이 있다. 그러면 무심코 지난 시간을 거슬러 올라가다가 평범한 나날들 어느 구석에 숨어있던 처음 그 마음, 자신도 모르는 사이 나타나 날갯짓하고 사라져간 나비의 속삭임 같은 어떤 근원적인 순간이 조용히 나를 스칠 것이다.

파란 바람

늦은 여름 어느 사무실에서 누군가를 기다리고 있는데, 책상 앞에 앉아 있던 초로의 아저씨가 어색한 침묵을 깨뜨린다. "참 신기해요. 지난주까지는 그렇게 덥고 끈적거리더니 이번 주부터는 바람결이 다르고 햇빛이 달라요." 팔월 말 처서가 지나면서 산뜻해진 바람과 햇살 속에서 언뜻 다가오고 있는 가을을 느끼는 타인의 의견에 작게 공감한다.

초등학교 다닐 때 가을이면 운동회를 했다. 사학년 무렵 나는 운동회를 마치고서 반바지 차림으로 선생님의 지시에 따라 운동장 가에 남겨진 휴지를 줍고 있었다.

해가 기울어가면서 찬바람이 도는 운동장 가에 바람이 일었다. 맨 살을 드러낸 내 종아리에 찬바람이 스쳤다. 그것은 가을 하늘처럼 파란 색깔의 바람이 보내는 작별의 인사 같은 것이었을까. 어린 날 내가 처음으로 지나가는 계절을 느낀 때가 아마 그 운동장에서였던 것 같다.

무더위에 지쳐버렸을 것 같은 농작물들이 사실은 단단하게 여물어져 자신의 존재를 빛내고, 한동안 휴가를 만끽하고 돌아온 이들이 지난 여름의 추억을 간직하고는 다시 새로워지는 자연에 몸을 맡기는 시절이 가을이다. 그럼에도 높고 푸른 가을 하늘 아래서 오히려 더 낮아지는 자신을 경험하는 시간이 되기도 한다. 더위 탓으로 돌린 채 무기력해지던 여름의 변명이 말 못할 후회와 부끄러움으로 머금어지기도 하고, 그래서 어쩔 수 없었어라는 이름으로 슬쩍 넘어간 것들이 더 이상 허용될 수 없는 지경이 오는 때가 아닌가 싶다. 텅 비고 너른 하늘 아래서 가끔씩 아득함을 느끼는 것은 이런 탓일까.

어느 해 여름의 끝 무렵 이사를 하는데 비가 내렸다. 전날까지 말짱하던 하늘은 구름에 가리워지고 말았다. 그나마 다행인 것은 하루 종일 비가 계속 내린 것은 아니고 돌발성 호우였다. 천둥 번개를 동반한 세찬 비가 끝없이 내릴 것 같다가 어느새 빗줄기가 가늘어지다가 해가 나와 방긋하다가 다시 비가 오다 하는 날씨였다. 빗속을 피해서, 비 사이로 이사를 한 것 같다고 우리는 후일담을 한다. 다행히 우리가 이삿짐을 옮길 때 비가 내리지는 않았다. 사실은 약하게 내렸는지도 모르지만 우리는 운이 좋았다고 말하고 싶은 마음에 이렇게 기억하는가 싶기도 하다.

궂은 날 이사하는 모습을 본 관리소 아저씨가 비 오는 날 이사하면 잘 산다는 말로 위로해주었다. 사람은 참 약하기 한이 없다. 그 말이 지나가는 인정의 한 마디에 불과한 것을 알면서도 나쁘지 않았다. 신중하게 계획하고 예상한 일이 어긋날 때 불운이라고 한탄하기도 하지만, 이런 어긋남이 있기에 재미있기도 하다. 늦은 여름날 돌발적으로 내리던 비를 피하며 이사하던 일이 애틋하게 떠오르는 것을 생각하며, 지난 여름의 내 무기력을 지나치게 탓하지는 말자고 생각한다.

올 가을에는 청계산 자락 아래 있는 어느 카페에서 아마추어 앙상블의 정기연주회를 가졌다. 보름 이상 비가 내리지 않는 맑은 가을날이 계속되고 있었고 실내에서 연주하기에 날씨에 대해서는 별 신경을 쓰지 않았다.

그러다 연주회 날 아침 뉴스를 보니 오전에는 맑겠으나 오후에 흐리고 비가 내리면서 추워지겠다는 예보다. 나는 가방에 우산을 챙겨 넣고 오전에 집을 나섰다. 검은 바지에 흰색 셔츠를 입고서 춥지 않을까 싶어 그 위에 긴 겉옷을 입었는데 약간 거추장스럽게 느껴질 정도로 날씨가 괜찮았다.

연주회 시간이 오후에 잡혀 있어, 연습실에서 오전 연습을 한 후 식당에 가서 점심을 먹고 다른 사람보다 뒤처져 나오는데 비가 내리고 있었다. 연습 장소에 가서 악기를 챙겨 나오려면 지금 있는 건물에서 맞은 편 건물로 십오 미터 정도의 거리를 이동해야 하는데, 나는 가방에서 우산을 꺼내오지 않았다. 워낙 세찬 비가 내려 우산 없이는 건너갈 엄두가 안 나서 커다란 원을 그리며 바닥에 떨어지는 빗줄기를 망연히 바라보고 있는데 좀 있으려니 얼음알갱이 같은 우박까지 쏟아졌다. 다행히 우산을 들고 연습실로 향하는 단원의 뒷모습을 보고 그를 불러 우산을 함께 받고 건너갔다.

카페의 바깥쪽 전면이 유리로 되어 있어 연주회 내내 밖이 어둡게 흐려진 채 비 내리는 모습이 보였다. 전년에도 같은 장소에서 연주회를 했는데 그 때는 날씨가 무척 좋아서 관객이 많았던 걸로 기억한다. 그 때의 추억이 한 몫 해서 올해도 이 장소에 정한 것 같은데 이번에는 날씨가 궂어서인지 작년보다 관객이 적어 보였다. 저녁 무렵처럼 어두컴컴해진 비 내리는 오후에 실내에서 연주회를 하는 것도 괜찮았다. 모든 일정을 마치고 세찬 비를 맞으며 피하며 간신히 집에 와서 뉴스를 보니, 대기가 불안정해 천둥 번개, 벼락과 돌풍을 동반한 요란한 가을비가 내린 오후였다고 소식을 전한다.

어린 날 운동회 후 맨 다리에 감겨드는 바람을 요즘에는 아마추어 앙상블 모임에서 하는 정기연주회를 마치고 무대에서 내려올 때 느끼는 것 같다. 연주회 전에는 평소보다 더 시간을 내서 연습을 하고 이번에는 어떻게 전 해보다 더 잘해 볼까 같이 고민하고 궁리하다 보면 어느 결에 연주회 당일이 된다. 나름 준비한 곡을 모두 연주하고 악보와 악기를 챙겨 무대에서 내려오다 보면 마음에 허전한 바람이 인다. 이렇게 다시 시간이 쌓여가는구나 느끼면서, 세월의 발걸음이 내게만 조용히 다가왔다 미소 지으며 멀어지는 소리를 듣는 것만 같다.

재능은 꾸밀 수 없고

음악을 주의 깊게 듣기 시작하면서 나는 몇몇 작곡가에 대한 첫인상을 받았는데 비교적 친근하고 평이하게 다가오던 곡은 헨델의 음악이다. 이런 느낌으로 다가가니 그가 영국에서 활동하던 시절 대중적인 인기를 누린 이유가 짐작되었다. 헨델과 같은 시대를 산 바흐의 음악은 물 같았다. 바흐의 음악은 처음 대할 때는 아무렇지도 않다가 반복해서 들을수록 물처럼 스며들며 마음을 적시는 듯했다. 역시 이런 면이 바흐의 종교적인 삶과 연결되는가 싶기도 하다. 완벽하고 빈틈없이 짜여진 곡이라는 인상이 들면서 어렵게 느껴진 음악은 베토벤의 곡이다.

자연 그 자체처럼 느껴지는 모차르트 음악과 대비되는 느낌이었다. 내 생각에 그는 아주 치밀하고 지성적인 작곡가인 듯했다. 그리고 합주를 위해 준비하면서 먼저 음악에 익숙해지려고 슈베르트의 음반을 개봉해서 듣는데, '어, 이건 뭐지. 정말 아름답구나.' 하는 생각이 들었다. 천상의 선율이라는 슈베르트 음악에 대한 찬사가 수긍되는 순간이었다.

사람들은 아름다운 것을 사랑한다. 그것이 자연스러운 아름다움일 때는 더 사랑한다. 아름다움은 생각보다 훨씬 강하게 사람들의 마음을 지배하는 가치이다. 아름다운 외모는 말할 것도 없고, 세상은 사람들에게 긍정적인 마음이라는 보이지 않는 아름다움까지 요구한다. 그 아름다움으로 충만한 삶 속에서 타인의 눈과 귀를 거슬리게 하지 않으려는 사람들의 필사적인 인간관계를 경험하며 아름다움이 주는 권력을 실감한다. 아마 그것은 그런 아름다움이 각자의 삶을 행복하게 하고 승리로 이끌어준다고 자신도 모르게 믿어버리기 때문이 아닐까. 세상의 모든 아름다움에는 인간이 저항하기 힘든 마력이 숨어 있는 것같다.

영국인들이 좋아하는 작가 중에 제인 오스틴이 있다.

남녀의 사랑에서 결혼에 이르는 과정을 가볍고 재치 있게 그려낸 소설 여섯 편은 지금까지도 영화로 새로 제작되며 끊임없이 사랑받고 있다. 사실 여섯 편의 작품은 비슷비슷한 인물과 상황이 변주되고 있다. 주변 환경이 그리 각박하지 않은 탓인지 등장인물들은 어려움에 처해도 지나치게 절망하지 않으며 사랑에 빠져도 자신을 잃지 않는다. 지극히 상식적이고 어느 정도 속물적인 사람들이 정상적인 방법으로 자기 인생을 찾아가는 모습을 그리고 있다. 이런 점에서 격정적이고 극단적인 성격의 등장인물로 각인되는 브론테 자매의 작품과 비교되기도 한다. 알려진 대로 제인 오스틴은 시골의 좁은 사회에서 생활했으며, 성격은 밝고 명랑했다고 한다. 제인 오스틴도 그녀가 만든 작품 속 세계도 밝고 아름답다. 아마 그 밝음이 햇살처럼 사람들의 애정을 끌어당기는 것이 아닌가 싶다.

그런데 문학의 언어를 음악으로 가장 잘 형상화해 절묘한 선율을 작곡한 낭만주의자 슈베르트는 아름답지 않은 남자였다. 평균보다 키가 작아 군대에도 가지 못했고, 볼품없는 외모와 소심한 소년처럼 수줍어하는 성격에, 나중에는 최악의 질병까지 걸린 가난하고 아름다움과는 거리가 먼 남자였다. 그가 남긴 편지에는 자신을 실패한 작곡가라며 좌절했고, 아무 희망이 없는 자포자기의 심사를 드러내고 있다. 이 편지글로 보면 그는 때때로 마음까지 아름답지 못하게 흐트러지는 사람이었다. 아름답지 못한 것들이 배척되는 세상에서 아름답지 못한 남자가 견뎌야 할 고난과 좌절에 삼켜진 그의 영혼은 일그러져 사무치고 사무치다 슬픔과 고통으로 정화되었던 것일까. 아름답지 못한 남자의 슬픈 영혼의 바닥에서 자신의 내면을 향한 가장 아름다운 선율이 흘러나온 것이다.

한때 슈베르트의 스승이기도 했던 작곡가 살리에리는 궁정악장과 교육자로서 명성과 생활의 안정을 누렸으며, 슈베르트보다 한 해 앞서 죽은 베토벤은 음악적으로 화려한 삶을 살며 자유롭게 작곡에 몰두하여 생계를 꾸렸다. 반면에 슈베르트는 고되고 적성에 맞지 않는 학교의 보조교사 역할을 벗어나 음악인으로 권위 있고 안정된 직장을 얻으려고 몇 차례나 시도했으나, 영향력 있는 사람의 후원과 실력에도 불구하고 모두 실패에 그쳤다. 슈베르트가 활동하던 십구 세기에 대중에게 인정받을 수 있는 음악이라면 오페라나 교향곡 같은 대곡이었다. 잘 알려지지 않았을 뿐이지 슈베르트는 많은 곡의 오페라를 작곡했다. 그러나 그의 오페라는 극장에 오르지도 못했으며 지금도 공연되는 일은 거의 없는 것 같다. 그가 작곡한 교향곡 몇 개도 그 시절 사람들에게는 외면당하고 만다.

성격은 가릴 수 없고 재능은 꾸밀 수 없다고 했던가. 헨델이나 바흐가 살던 바로크 시대나 베토벤이나 슈베르트가 살던 고전주의와 낭만주의 시대에도 삶의 고뇌는 자본주의 사회 속의 오늘날과 다르지 않다. 작곡가의 작품을 원하는 대상이 귀족이든 대중이든 간에 음악가에게는 작품이 상품이 될 수 있어야 하는 것이다. 슈베르트도 교향곡이나 오페라 작곡자로 인정받고 안정된 삶을 누리기 바랐을 것이다. 그러나 그의 재능은 당시에 돈이 되지 않는 가곡, 실내악이나 피아노곡에서 발휘되었다. 그가 살던 빈에서 슈베르트가 작곡한 독일 가곡과 실내악은 상당한 인기를 끌었고, 살롱연주회에서는 슈베르트가 작곡한 곡만을 연주하여 즐기는 슈베르티아데라는 슈베르트의 친구들이 있어 그의 삶을 위안해준다. 제인 오스틴도 격동의 세계사가 지나가는 배경에 살았어도 거대 담론이나 정치적인 일에는 관심도 없었기에 단지 자신이 알고 있는 좁은 세계를 무대삼아 자신의 성품대로 작품을 창작한 것이다. 그들은 세상의 기준에 아랑곳없이, 혹은 어쩔 수 없이 자신의 재능으로 할 수 있었던 자기만의 것을 최고의 것으로 만들다 사라졌다.

어찌 슈베르트가 들려주는 선율만이 아름다울 것이며, 슈베르트만이 눈물에 겨운 인생을 살았을 것인가. 인류에게 잊히지 않는 유산을 남긴 그들은 각자 자신의 재능을 펼쳐 세상에 아름다움을 선물하였고, 그만의 아름다움을 만들기 위해 자신만이 아는 괴로움 속에서 번민하며 작곡에 몰두했을 것이다. 내가 처음 여러 작곡가의 음악을 다양한 느낌으로 받아들인 것은 음악가마다 삶의 결이 다르듯 그들이 남긴 결정체의 질감이 다름을 느낀 때문일 것이다.

그리고 다가올 나날을 위하여

마음의 불안으로 두통에 시달리던 사울왕은 "나를 위하여 수금 잘 타는 사람을 구하여 내게 데려오라." 고 신하에게 이른다. 불운한 사울왕은 다윗의 수금 연주로 위로 받으며 잠시 두통에서 놓여난다. 오르페우스는 뛰어난 리라 연주와 노래 실력으로 차갑게 얼어붙은 저승세계까지 감동시켜 죽은 아내 에우리디케를 만난다. 사람의 마음은 물론이고 자연까지도 움직이는 음악의 속성이 나타난 이야기로 이해하는데, 어떤 분야이든 예술에는 그것에 빠져든 이의 마음을 만져주는 기능이 숨어 있는 것 같다.

내가 아직 대학생이던 때 서울 어느 작은 집에 살던 언니 집을 방문하곤 했다. 그 집의 복도식 아파트 옆집에는 한 초등학생 가족이 살고 있었는데, 첼로 연주를 잘하는 아이가 있었다. 그 집 가족들과 언니네 식구가 친하게 지내서 아이는 어린 조카들과 잘 어울렸고, 언젠가 내 가까운 친척의 결혼식 때는 축가를 연주해 주기도 했다.

세월이 흘러 내가 어른이 되어서, 첼로 연주를 하며 놀던 그 아이를 보았다. 아이는 어느새 관현악을 전공하는 대학 졸업반의 숙녀가 되어 있었고, 뜻밖에도 내게 첼로 배우기를 권했다. 내게서 머뭇거림이 느껴졌는지 악기 배우는 게 부담스러우면, 자신의 악기 하나를 빌려줄 테니 몇 개월 배워본 후에도 계속할 마음이 들면 그때 악기를 사라고 제안했다.

첼로를 배우기로 한 그 해 일월의 어느 저녁에, 예술의 전당 앞 거리에 있는 여러 악기점을 돌아다닌 끝에 연습용 악기를 하나 샀다. 그 악기를 어깨에 메고 정말 무겁다고 느끼며, 이제라도 그만두면 되는데 어떡할까 생각하며 지하철역을 향해 걸어갔다.

이야기가 나왔으니 한 번 해보지 뭐, 안되면 말고 하

는 마음으로 시작한 첼로는 현을 긋기 시작하면서 마음이 조금씩 움직였다. 음악은 멀리서 바라보는 것처럼 어렵거나, 내가 잘 모른다고 지나쳐버려도 되는 게 아니라, 그냥 누구나 관심을 기울이면 할 수 있고 즐길 수 있는 분야라는 받아들임이 왔다. 세상의 다른 여러 일들처럼 기악도 서두르지 말고, 비교하거나 중단하지 않으면서 자신만의 음악이 만들어질 때까지 기다려야 하는 것임을 짐작하게 되었다.

그런 이해와 함께 첼로를 배우는 시간이 쌓이다보니 합주에의 권유가 들어왔다. 처음에는 배우는 즐거움이 있었고, 빈 시간을 위로삼아 하던 것이 시간이 흐르면서 남들과 같이 어울려서 합주해야 하는 필요도 당연하게 다가온 것이다. 언젠가 아마추어 합주반에서 연주하는데, 전날 스트레스 받아 날카로워진 마음이 가라앉으며 다시 순한 나를 돌려받는 느낌이 들었다. 아마 그 느낌이 나를 합주에 나오게 하는 끈이 되는가 싶기도 하다.

그러다 전공하는 이들이 섞여있고, 초견으로 무리 없이 연주해야 하는 반에 들어가서는 처음에 좀 당황했다. 내가 꼭 물가를 떠나 산에서 토끼와 경주를 해야 하는 안쓰러운 거북이가 된 기분이었다. 아무래도 전공자나 어린 날부터 악기 연주에 익숙한 이들과 나를 견줄 수는 없다고 생각하면서도 그들과의 차이에서 오는 거리가 소외감으로 확대되어 나를 괴롭혔다.

그런 갈등의 긴 시간을 견디고 나니 이제 좀 여유가 생겼나 하다가도 연습한 만큼 연주가 잘 되지 않았을 때의 실망감이나, 뭔가 음악적으로 부족한 게 있구나 생각될 때의 심란함이 내 안으로 밀려드는 때가 있다. 그런 내 처지를 한탄하면 옆에 계시는 어머니는 무슨 일을 꼭 잘 하는 사람만 하는 거냐고 하신다. 아무렇지도 않은 이 말이 나를 가볍게 한다. 그래도 어떤 일이든 긍정적으로 지속하기 위해서는 성장이 필요하다는 생각에 다시 좋은 마음으로 계속하다 보면 언젠가 놀라운 기량을 펼치는 내 연주에 감탄하는 날이 오지 않을까 상상한다.

오래전 언니 집을 오가며 보았던 어린 첼로 연주자는 이야기 속의 복선처럼 내게 마음을 준비시키는 힌트 같은 것이었을까. 지금은 눈치 채지 못하겠지만 언젠가는 너에게도 음악이 필요할 때가 올 거라고. 패배자 사울에게도, 승리자 다윗에게도, 슬픔에 잠긴 오르페우스에게도 음악은 필요했다. 그리고 방황하던 나에게도. 그들 각자에게 음악이 필요한 이유는 달랐을지라도 아마 모두 음악을 통해서 삶을 이어나갈 힘을 얻었을 거라고 생각한다.

셋

자신의 광장에서 노래하며 날개를 펴기 위해서는
밀실에서의 행복이 필요하고,
건강한 사랑을 위해서는
자기실현을 위한 광장이 필요한 것일까.

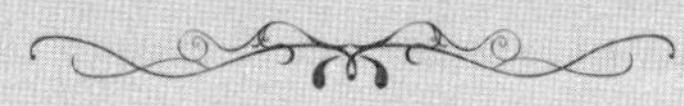

최후의 만찬

어릴 때 우리 집 안방 옆에 붙은 골방으로 들어가는 미닫이문 위에는 레오나르도 다 빈치의 최후의 만찬 모사본이 액자에 끼워져 가로로 기다랗게 걸려 있었다. 어머니가 이사 가는 이웃 노파에게 사서 걸어놓은 그림이었다. 어려서 나는 이 그림이 예수와 제자들의 만찬 장면인지 모르고, 그저 서로 탁자 위에 둘러앉아 이야기하는 괴상한 사람들을 그린 것이라 생각했다.

아주 나중에 기독교 신앙이 일상생활 깊숙이 차지하는 서양에서는 성서의 유월절 만찬을 소재로 한 그림이 고대 벽화에서부터 여러 화가들의 주제가 되었다는 것을 알게 되었다. 나아가 내게는 너무 익숙해서 별다를 것이 없는 레오나르도의 최후의 만찬이 다른 화가들의 마지막 만찬 그림을 제치고 세계인의 공감과 찬사를 얻고 있는 명작이라는 것까지 알았다.

레오나르도의 최후의 만찬은 다른 화가들이 그린 사도들의 엄숙한 모습과는 달리 아주 인간적이고 어수선한 분위기이다. 성스럽고 인간을 초월한 사도들이 아니라, 너희들 중 하나가 나를 배반하게 되리라는 예수의 말에 당황하여 흐트러진 인간의 모습을 담고 있다. 갈등의 순간을 포착한 한 컷의 사진처럼, 드라마의 한 장면처럼 레오나르도는 고뇌와 의혹이 지나가는 순간을 보여준다. 그것은 어려움을 통해 자기 성장을 이룬 위인들의 이야기처럼, 예수와 제자들 사이의 가장 어두운 면을 깊이 천착함으로서 결국 가장 빛나는 효과를 거두고 있다.

르네상스라고는 해도 교회의 권위가 드높았을 시기에 그는 모든 화가들이 주목하는 사도들의 품위 있고 엄숙한 모습에 안주하지 않고, 가장 거칠고 인간적인 내면에 초점을 맞추었다. 그의 시선에 압도당한 사람들에게 레오나르도 이전에 그려진 최후의 만찬 그림은 잊혀진 듯하다.

오래전 시골에서 사라져버린 어린 날의 그림을 기억하며 최후의 만찬을 보고는 이런저런 생각을 한다. 나와 마지막을 함께 나눌 사람을 지금 만들어가고 있는지. 함께 둘러앉아 음식을 나누는 관계의 소중한 인연에 대해서. 또 사람의 진짜 마음은 이렇게 비공식적인 자리에서 나타나는 경우가 많음에 대해서도. 그리고 많은 모임이나 관계에는 유다의 배신과 의혹의 술렁임 같은 크고 작은 상처가 숨겨져 있을 것이라고. 마지막으로 누구나 알고 있을 이야기에 표현된 레오나르도의 독창적인 시선을 생각하고는 글쓰기를 생각하기도 한다.

훌륭한 요리사가 먼저 신선하고 질 좋은 재료를 선택하기 위해 고심하듯, 좋은 글을 쓰기 위해서도 남다르거나 다양한 경험을 하는 것이 좋을 것이다. 그 경험 속에서 자신만의 시선을 잡는다면 경험은 빛나는 소재가 될 수 있다. 그 시선을 통해 소재는 나와 관계를 맺고 새로 태어난다. 아무리 좋은 소재라 해도 완전히 새로운 것은 없을 것이다. 하늘 아래 새로운 것이 없다는 말처럼. 정말 중요한 것은 새롭게 바라보는 자신만의 눈이며, 그 시선이 얼마나 가치 있는가이다.

셋씩 무리지어 이야기에 몰두하는 그림 속 사도들의

모습을 보면, 기만과 이별의 세계에서 애매한 태도로 서성이다 각자의 이익을 좇아 움직이는 인간관계의 내밀한 정치성이 느껴진다. 사람들도 나처럼 레오나르도의 최후의 만찬에서 세상의 관계 속에 시달리는 자신의 모습을 보는 것일까. 그리고 소란한 식탁의 한가운데 초연하게 앉아있는 예수를 통해 그 모든 허접한 삶의 비루함을 알고 있는 신, 그럼에도 모든 것을 순리대로 진행하는 신의 손길을 느낀다. 성과 속, 고상함과 천박함, 신의 뜻과 사람의 억지가 보인다.

내가 어른이 된 후에도 레오나르도의 최후의 만찬 그림 모사본이 걸린 곳이면 발걸음을 멈추고 바라본 이유는 어린 시절에 본 이 그림의 추억이 가장 큰 요인인 것 같다. 그림이나 사진에 관심 없이 시골 아낙으로 사신 어머니가 생활 용품이 아닌 그림을 사서 안방 미닫이문 위에 걸어 놓았다는 사실이 내게는 특별하게 다가온다. 아마 그것은 어머니가 평생을 통해 유일하게 산 그림이었을 거라 짐작하며, 어떤 지식에 앞서 내가 거쳐 온 시간이 그림 속에 숨은 이야기를 더 잘 말해준다는 생각이 든다.

상록수 마을에서

집 근처에 소설 상록수에 나오는 채영신의 실재 모델인 최용신이 계몽운동을 했던 샘골 교회와 유적지를 보호하고 있는 공원이 있다. 공원 안에는 오래 되어 녹슬은 종이 구석에 서있고 최용신 유적 기념관과 그녀의 무덤도 있다.

처음 이 공원을 찾았을 때, 나는 소설에서 채영신이 연인 박동혁을 만나고 오는 길에 동혁이 봉투에 넣어준 십 원짜리 지전에 감동하며, 이 돈으로 학원을 지으면 종을 사겠다고 결심하고 실제로 그렇게 하는 내용을 생각하고는 무엇보다 오래된 종을 애틋하게 바라보았다.

그러나 자세히 알아보니 공원 구석에 있는 종은 교회에서 오래 전에 만든 종이며, 실제 최용신이 사용한 종은 기념관 안에 보관되어 있었다. 물론 두 남녀는 각각 계몽 운동가이기는 했으나 연인 사이는 아니었다. 작가 심훈은 당시 농촌 운동가로 활약한 조카 심재영을 모델로 박동혁이란 인물을 만들어낸 것이다.

경기 땅이지만 모든 문화 시설과는 완전히 격리된 곳으로 작품 속에 나오는 청석골이란 두메 구석이 지금의 안산에 속해 있는 상록수역에서부터 샘골 교회에 이르는 동네였던 것으로 짐작한다. 그 시절 초가집들과 질척한 논밭이 펼쳐 있던 곳이 신도시 개발로 아파트 단지와 상가들이 들어서서 차와 사람들로 복닥거린다.

계몽 운동의 시발이 되었던 장소를 품고 있어서일까. 두 해째 이곳에 살고 있는 내 소감으로 안산은 현실감이 느껴지는 도시라는 인상이다. 그것은 상록수역 주변에 많은 가게들과 그 가게들만큼 거리를 채우고 경쟁하는 간판들의 휘황한 불빛이 어지러울 때, 딱딱하고 기능적인 모습으로 서있는 빌딩들을 볼 때, 노점 상인들의 끈질긴 삶의 모습이 뭉클하게 다가올 때 떠오르는 느낌이다. 어쩌다 이곳에 살고 있는 분한테 듣는 직설적인 말이 당황스러울 때면, 그것이 개인의 성격이라 여기면서도 안산이 계몽의 전통을 간직한 곳이어서 그런 것이 아닌가 하는 생각을 하기도 한다.

이 지역에서 최용신 기념 사업회를 이끌고 있는 분의 말에 따르면, 소설의 내용과는 달리 최용신은 원산에서 상당히 부유한 집안의 자녀였다고 한다. 당시로서는 신교육을 받고 남다른 삶을 꾸려갈 수 있었을 법도 한데, 그녀는 낮은 곳으로 스며들어 자신을 바친다. 다른 편으로 보면, 내 길이다 싶은 일에 확신을 가지고 자신을 줄 수 있는 사람이라면 자기 길을 간다는 믿음만으로도 행복의 조건 하나는 찾은 것이 아닐까 한다. 나아가 그녀가 그런 자신을 사랑하고, 세상 사람들에게 사랑받을 수 있었다면 진정한 행복을 얻었을 거라는 생각도 든다.

인생의 어느 시기마다 사람에게는 이끌어주는 누군가가 필요하다. 도덕적으로 자기를 견제해줄 어른도 필요하고, 자신이 보다 나은 환경으로 한 발을 내딛도록 도와주는 스승도 필요하다. 누군가의 도움이나 정서적 지지가 필요하지 않은 사람이 있을까. 내 편이 되어 내 손을 잡아주는 사람을 만나는 것은 커다란 행운이다.

일제시대라는 배경에서 항일과 계몽 운동이라는 가

치도 있겠지만, 최용신은 저 사람들은 참 안됐구나 하며 연민하는 방관자에 그치지 않고, 직접 뛰어들어 가난의 고통과 무지의 공포를 나누며 이웃과 동행한다. 어느 정도 살게 된 지금에 와서도 사람들이 최용신을 잊지 못하는 것은 그녀가 이룬 일의 성과보다는, 그녀가 실천으로 보여준 동정심의 가치가 사람들에게 두고두고 잊혀지지 않는 까닭도 있을 것이다. 애정 없이 이루어지는 일은 없기 때문이다.

심훈이 최용신 이야기를 소설화하면서 사실과 다르게 한 점이 있기는 하지만 그녀의 정신만은 제대로 전달했을 것이고, 어쩌면 그의 문학이 최용신의 삶을 더 빛나게 하지 않았을까. 살아가다가 인간관계 속에 숨겨진 거래의 속성을 마주할 때면, 누군가에게 바라는 것 없이 베풀 수 있는 행동이란 정말 귀한 일임을 실감한다.

어느 일요일 오전, 공원에 들렀다가 샘골 교회 쪽으로 나오는 문이 열려 있어 계단을 이용해 내려오는데 한 청년이 아이들 서너 명과 함께 앞서가고 있다. 선생님 어쩌고 하는 말을 들으니 교회에서 교사로 봉사하는 학생인 듯하다. 그 청년이 어찌나 붙임성 있게 아이들을 대하는지 내 입가에도 저절로 웃음이 번진다. 나도 저

청년처럼 사람을 대할 수 있다면 인생이 즐거워지지 않을까 하는 생각이 스친다.

최용신이 자신의 젊음과 재능, 순수로 빚은 농촌 계몽운동의 열정을 발산한 이곳에서 그녀는 이제 전설이 되어 있는 것 같다. 심훈이 그녀의 이야기를 소설로 썼다는 당진 필경사에서의 집필 과정까지 더듬으며 사람들은 최용신과 채영신, 심재영과 박동혁을 연결하여 생각하고 공부한다. 그 모든 것을 뒤로 한 채 나는 이 공원에 올 때면 한 인간의 마음을 다한 진실 한 조각이 남은 곳이라는 생각이 든다. 그녀의 진실은 최용신과 상록수라는 이름 안에 남아 잠시 나 같은 이에게 작은 공원 그늘에서 각박한 세상 속 한 줌 여유를 얻게 한다.

승자가 모든 것을

아파트 입구 화단에서 아주 작은 결명차를 보았을 때, 나는 걸음을 멈추었다. 눈앞에서 비에 젖은 결명차 잎이 바람에 흔들렸다.

자라는 동안 우리 집에서 내가 마신 음료는 결명차였다. 물을 끓일 때 이런 저런 약재를 넣기 좋아하시는 어머니가 선택한 것이 눈에 좋다는 결명자였다. 여름에서 가을까지 일 미터 정도의 결명차들이 자라 넓은 마당가에서 춤을 추었는데, 노란 꽃이 지고 길쭉한 꼬투리가 갈색으로 변하면 그것을 따서 말린 후, 알갱이를 꺼내어 볶아서 물에 넣어 끓여 마셨다. 그것은 차라기보다는 끓인 물을 마신 것이었다.

두 계절 동안 자연스럽게 자라 집 둘레를 차지하던 연초록의 결명차를 볼 수 없는 지금은, 한 알의 알갱이가 아담한 식물로 자라난다는 것 자체가 경이로우면서 새롭게 느껴진다. 어린 날이나 지금까지 한 번도 생각해 본 적이 없는 결명차에 대한 기억이 나를 깨운다. 그것은 뜻밖에도 지난날의 풍요로운 그림으로 내게 다가온다.

그렇게 결명차를 마시던 나는 중학교 삼학년이던 때 커피를 알게 되었다. 그 때 대학에 다니는 언니들이 커피에 식빵이나 비스킷을 적셔 먹는 것을 보았는데, 너무 맛있어 보였다. 처음 맡아보는 커피 향내가 아주 좋았고 낯설지 않았다. 영화에서 인간이 되고 싶은 천사가 꼭 하고 싶은 일 중의 하나가 커피를 마시고 싶은 것일 만큼, 커피는 천사마저도 매혹시키는 음료인가보다.

그 시절 내가 살던 곳에서 이웃해 사셨던 아주머니는 커다란 그릇에 커피를 타서 마시곤 하셨다. 아주머니는 젊은 시절 한 대중탕에서 일을 하셨는데, 목욕탕의 물을 데우기 위해 저녁 늦게까지 불을 땠다고 한다. 어둑하고 따듯한 데서 오랫동안 불을 때고 있으면 자꾸 졸음이 몰려와서 간간이 커피를 마셨다는 것이다. 그게 습관이 되었는지, 일을 그만둔 지 오래된 지금도 하루에 커피 두 잔 이상을 마시지 않으면 기운이 없다고 하셨다. 고등학교 때 한 친구의 어머니는 식당을 하셨는데, 어느 날 그 분이 식당에서 식사를 하시고, 둥근 대접에 겨자색 플라스틱 스푼을 휘저으며 뭔가 마시는 걸 보았다. 너무 맛있게 드시길래 숭늉인가 했더니, 바로 커피였다.

아라비아의 어느 산, 이름 모를 덤불에서 붉은 열매를 따먹고 즐거워하는 염소 떼를 본 목동이, 자신도 그 놀라운 열매를 먹고 근처에 알리면서 시작되었다는 커피의 세상 구경은 놀라운 성공을 이루었다. 예멘의 항구도시 모카를 통해 커피는 전 세계에 퍼져나갔다. 그 커피를 매개로 해서 일어난 카페 문화는 아랍에서 시작해 프랑스와 이태리에서 꽃을 피워 담론의 장이 형성되었다.

깨끗한 공기 속에서 커피 냄새가 스며들면, 나도 커피에 이끌린다. 처음에는 염소를, 다음에는 사람을 놀랍도록 행복하게 만들었다는 그 커피 맛에 나도 동참하고 싶어진다.

모든 사람의 입맛을 길들이는 보편타당함과 함께 자신만의 귀족적인 향기 또한 잃지 않는 커피. 커피를 보면 나는 승자의 삶 같은 게 느껴진다. 아랍의 한 산골 출신의 작은 알갱이가 전 세계인의 일상을 지배하는 음료가 되었다. 코르시카 촌뜨기에서 프랑스 황제가 된 나폴레옹처럼.

여름부터 무성해지는 대문 옆의 이슬에 젖은 결명차 무리가 다림질해 입은 내 옷에 물방울을 묻힐까 염려했던 결명차의 초록 잎과, 나의 애틋한 눈길 한 번 받지 못했을 단정한 노란 꽃잎을 기억한다. 우리 집 둘레에 넘쳐나게 자라났어도 아무렇지도 않게 지나쳐버린 지나간 시절의 결명차들이 이렇게 그리울 수가 있을까. 너무나 가까이 있었기에 그 가치를 생각해 보지도 않았던 것인가. 결명차는 물처럼 마셨기에 그 맛이 어떠했는지도 잘 생각나지 않는다. 그러나 단 한 번 맡아도 커피 향기는 잊혀지지 않는다. 바로 그것이 커피가 지닌 재능일 것이다. 커피의 가치를 확신한 이들에 의해 커피는 자신의 재능이 갈고 닦여 익숙하면서도 새로운 향기로 세계인을 사로잡았다. 그리고 자신의 역사를 만들었다.

자판기 커피에서 마니아들의 호사까지 다양한 변신을 하며 사람을 휘어잡은 커피와, 내 기억 속에서 단정하고 변함없는 모습으로 남아 있는 결명차를 떠올린다. 나도 한 때는 커피처럼 되기를 희망한 적이 있을 것이다.

때로 그늘진 삶이 주는 안타까움에 매료되면서도 인생에서 한번쯤의 영광을 꿈꾸는 것은 모든 이의 마음이 아닐까.

결명차에서 나는 제 분수를 지키며 만족하는 단순한 삶을 본다면, 커피에서는 재능과 노력, 마케팅이 어울린 성공이 주는 환희를 읽는다. 작은 사람들의 작은 이야기가 아무리 아름다울지라도 세상은 결국 승자의 것이라고 생각하면서.

어머니의 날개

언젠가 방송에서 성공한 여성 사업가와 인터뷰하는 프로그램을 본 적이 있다. 그녀 삶의 이력에 관한 다양한 이야기 끝에 이렇게 남다른 성공의 삶을 꾸려오는 동안 가장 행복한 적이 언제였냐는 질문이 나왔다. 나는 어떤 멋진 얘기가 나올까 기대했는데, 뜻밖에도 그녀는 자신이 아들을 낳았을 때 세상 모든 것을 가진 것 같았다고 대답했다.

어릴 적 동화 속에서 읽은 신사임당의 그림 솜씨에 관한 재미있는 일화를 잊지 못한다. 조선시대 어느 반가 부인들의 모임에서 한 여인이 그만 자신이 입은 치마에 음료를 엎지르고 만다. 여인은 가난한 사대부의 아내로 겨우 빌려 입고 온 치마에 음료로 인한 얼룩이 생겨 주인에게 변상해야 될 걱정에 울먹인다. 이 때 신사임당이 다가가 위로하며 치마의 얼룩진 자리에 멋진 포도 그림을 그려준다. 그 후 포도 그림의 뛰어남 때문에 치마는 비싼 가격에 팔린다. 신사임당 덕분에 울먹이던 여인은 차마를 판 돈으로 주인에게 똑같은 치마를 만들어 돌려준 후, 자신의 옷을 해 입고 나서도 돈이 남았다는 것이다.

이 일화가 정말 신사임당의 것인지 아니면 다른 사람의 이야기를 차용한 것인지 알 수 없지만, 이야기의 진위를 떠나 그녀의 뛰어난 그림 솜씨에 대해서는 대부분 수긍할 것이다. 그래서인지 지금도 포도 그림이 있는 한복 치마를 보면 나도 모르게 신사임당이 떠오른다. 신사임당은 유교 질서 아래 있던 조선시대에 여성 예술가로서, 율곡 이이의 훌륭한 어머니로서의 자아실현을 이룬 본보기로 추앙받고 있다.

뛰어난 재능과 학식을 갖춘 어머니와 그에 버금가는 탁월한 아들 이야기는 부러움과 찬탄의 대상으로 놀라움을 준다. 한편 가난 속에도 솟아나는 사랑 이야기의 감동처럼 현실의 곤란과 결핍 속에서도 끊어질 수 없는 어머니와 아들의 이야기도 오래전 본 것임에도 잊혀지지 않는다.

구한말, 서울에서 눈이 어두운 늙은 어머니와 살아가는 총각이 있다. 아들은 부잣집 머슴살이를 전전하며 근근이 어머니를 부양한다. 우직하게 일을 하는 그에게 세상은 어찌나 냉정한지 어렵게 머슴으로 일하고도 끼니조차 제대로 잇지 못하는 지경이다. 그와 어머니가 밥 먹는 장면이 아직도 생생하다. 작은 나무 상에 김치도 없이 간장 한 종지를 놓고 밥을 먹는데, 아들의 밥사발에는 흰 행주가 들어있다. 밥이 없어 어머니에게만 밥을 퍼드리고 자신은 앞이 잘 안 보이는 어머니 맞은편에서 밥 먹는 시늉만 하는 것이다. 이렇게 살던 그에게 어느 날 저 먼 미국 땅에서 노동자를 구한다는 소식이 전해진다. 그는 선수금으로 받은 돈을 이웃에게 쥐어주며 어머니를 부탁하고 멀리 하와이행 배를 탄다. 돈 벌어서 곧 돌아와 어머니를 모시려는 마음이었을 것이다.

멀고 먼 이국땅 하와이 사탕수수 농장에 갇혀 짐승처럼 채찍에 맞아가며 돈을 모으지만, 집에 갈 날은 아득하기만 하다. 그런 그에게 어느 날 고국의 어머니가 돌아가셨다는 편지가 날아든다. 순간 충격을 받은 그는 출입이 통제된 농장 밖으로 뛰쳐나가 어머니를 부르며 바다로 뛰어든다. 순한 짐승 같던 그가 물속을 허우적대며 소리쳐 부르던 어머니가 잊혀지지 않는다.

또 하나 기억나는 장면이 있다. 일제 말기 성실히 공부에 열중하던 조선 청년이 학병으로 나가게 된다. 때는 추수가 끝난 늦가을 들녘, 외아들을 군에 보낸 메마르고 가난한 어머니가 바람 부는 넓은 들판에서 이삭을 줍고 있다. 이 때 멀리 검은 기차가 지나간다. 기차 속에서 학병으로 끌려가던 청년은 들판에 계신 어머니를 알아보고 창을 열고 상체를 내민 채 손을 흔들며 어머니를 격하게 소리쳐 부른다. 허리를 펴고 아들을 본 어머니도 손을 흔든다. 꼭 김제 만경평야 어디쯤일 것 같던 그 모자의 뜻밖의 이별 장면이 스산한 늦가을 바람 속에 서면 떠오르곤 한다.

율곡의 나이 열다섯에 어머니 신사임당을 잃었지만, 사임당과 율곡은 바늘과 실처럼 연결된 채 사람들의 마음에 남아있다. 모든 어머니와 자녀의 관계는 그저 타인의 존중과 경외의 대상일 뿐이다. 아무리 벗어나려 해도, 잘난 척해도 그저 한 어머니의 아들이고 한 아들의 어머니일 뿐이라는 단순하고 견고한 진실 앞에, 자녀가 세상에서 기댈 수 있는 마지막 은신처가 어머니의 날개 아래라는 사실 앞에 누가 저항할 수 있겠는가. 또한 아들을 낳았을 때 세상 모든 것을 가진 것 같았다는 어느 여성 사업가의 말처럼 여자는 어머니가 되어 더욱 강하고 행복할 수 있을지도 모른다.

지식이 날개 돋친 생명이라면 그것은 독립으로 가는 열쇠가 지식에 있음을 간파한 말일 것이다. 건강한 독립을 이루기 위해 사람들은 자신만이 간직한 어머니의 날개가 필요하다. 그 날개는 자녀가 추락하지 않을 수 있게 균형을 잡아주는 날개이며, 추락한 후에도 다시 일어서서 날 수 있도록 도와주는 날개이고, 다시 일어설 수 없다 해도 평안을 주는 날개이다.

어린 시절에 나는 병원에 입원하신 후 돌아오지 않는 어머니를 몇 달씩 기다린 적이 있다. 지금까지도 살면서 많은 것들을 기다리며 살지만 어린 날 그 기다림만큼 절실했던 적은 없었다는 생각이 든다. 내게 뭔가를 해주고, 어떤 남다른 일을 하시는 어머니가 아닌 그저 집 안에서 어머니의 존재 자체가 그리웠다. 어머니의 마음을 가진 여성이 있고, 그 어머니를 기억하는 아들 딸이 있는 한 세상에 어떤 변화가 오더라도 삶은 살아야 하는 아름다운 가치로 남을 거라고 생각한다.

젤리 샌들

십이월, 장갑 벗은 손이 얼얼하도록 추운 날 과천역에서 지하철을 탔다. 지하철 안에 들어선 후 자리를 보니, 아버지와 아들로 보이는 이들이 나란히 앉은 옆에 자리 하나가 비어 있다. 나는 무심히 가서 앉는다. 그런데 내 옆에 앉은 아이의 행동이 시선을 끈다.

남자아이가 옆에 앉은 어른에게 아빠라고 하는 걸 들으니 내 예상대로 부자 관계가 맞다. 남자는 얼굴 피부가 검은 편이고, 주위 사람보다 체격이 큰데 사십대 초반의 사내로 보인다. 검은 양복 위에 검은 모직 반코트를 입고 앉아서 눈을 감고 있다. 남자아이는 단정하게 패딩 점퍼를 입고 운동화를 신은 아이로 열두 살쯤 되어 보이는데, 아버지와 비슷한 분위기로 건강하고 단단한 체구이다. 이들 부자와 관계있어 보이는 조그만 여자아이가 맞은편 지하철 문 앞에 서있다.

여자아이는 일곱 살 정도쯤으로 가는 몸매에 긴 머리를 하고 있다. 어깨 아래로 내려와 거칠게 흔들리는 머리를 머리띠 하나로 고정시키고 뒤로 넘겼는데, 머리띠가 허술한지 머리채가 앞으로 쏠리곤 한다. 하얀 색의 긴 파카에 베이지 색 면바지를 입었다. 그리고 눈에 띄는 것은 여자애가 신은 신발이다. 여자아이는 이 추운 겨울날 여름 한철 동안 거리거리에서 보이던 그물 모양의 젤리 샌들을 신고 있는 것이다.

쇼핑백에서 하얀색의 자그마한 강아지 인형을 꺼낸 남자아이가 맞은편 문 앞에 서 있는 여자아이에게 인형을 던진다. 인형을 받아든 여자아이가 그것을 만지작거리며 앉았다 일어섰다하며 좋아하는 것 같으니, 남자애가 여자아이에게 다가가 인형을 도로 빼앗아 버린다. 뺏어온 인형을 가지고 자리에 앉아 있던 남자아이가 여자아이에게 다시 인형을 던진다. 여자아이가 인형을 받아들자, 남자아이가 다시 다가가 인형을 뺏으려 하니, 여자아이는 다음 문 앞으로 달아나고 남자아이는 거기까지 가서 인형을 빼앗아온다. 인형을 빼앗긴 여자아이의 얼굴이 일그러지면서 울음이 나오고, 지하철 문가에 주저앉아 얼굴을 가리고 있다. 그 때 눈을 감고 앉아만 있던 남자애의 아버지가 인형을 주라고 말하자, 남자아이는 쪼그리고 앉아 있는 여자아이 등에 인형을 던진다. 여자아이는 그 인형을 집어 들고 맞은편 문가로 가서 쪼그리고 앉아 인형을 만지작거리고 있다.

그런 모습을 보니 내가 앉아 있는 자리가 원래는 그 여자아이의 자리였던 것 같다. 처음에는 셋이 나란히 앉아 있다가 남자아이의 괴롭힘에 못 이겨 여자애가 문가 쪽으로 간 것이 아닌가 짐작된다. 남자아이는 자신에게 관심도 소용도 없는 조잡한 작은 강아지 인형으로 여자아이에게 위세를 부리며 괴롭히고 있는 것이다.

두 아이가 보여주는 행동이 꼭 자기 집 안방에 있는 것처럼 스스럼이 없다. 여자아이가 자신은 모든 사람에게 공유된 지하철의 의자에도 앉을 자격이 안 된다는 듯이 지하철 바닥에 거침없이 쪼그려 앉고, 남자아이나 그의 아버지는 여자아이의 그런 자기 비하 의식과 행동이 당연하다는 듯 받아들인다.

남자아이가 사람들의 시선이 쏠리는 공공장소에서조차 아랑곳 않고 여자아이에게 함부로 하고, 그것을 제지해야 할 교양인으로 보이는 어른은 방치하는 것을 보니 그들만의 공간에서는 어떤 상황일까 싶어진다. 인간도 동물이기 때문일까. 강자의 입장에 있는 사람이 약자 쪽에 있는 이에게 비정하게 굴기로 하면, 약자는 어쩔 도리 없이 폭력을 당할 수밖에 없는 현실을 눈앞에서 보는 것 같다.

아버지가 아들에게 인덕원역에서 내리자 하며 함께 일어나 문 앞으로 간다. 여자아이는 그 맞은편에 있는데 아버지도 아들도 여자아이에게 다가가 내려야 한다고 일러주지도 않는다. 아니 바라보지도 않는다. 따라오든지 말든지 모른다는 태도다. 문이 열릴 즈음, 아마 그들의 눈치를 봤을 여자아이가 덩치 큰 어른 옆에 가 선다. 손이라도 잡아주지 싶은데 남자는 힐끗 여자아이를 내려다보고는 커다란 손으로 여자아이의 머리를 쓰다듬을 듯하다가 이내 손을 거두어버린다.

드디어 지하철 문이 열리고 여자아이는 젤리 샌들을 신은 발로 인색한 보호자의 뒤를 따라 총총히 사라진다. 빗질이 제대로 되지 않은 긴 머리와 겉도는 아이의 마음에 가득할 긴장과 소외의 멍에를 안고서도 그들이 아니면 안 된다는 듯이.

그래도 양말을 신어서 다행인가. 이 겨울에 여자아이가 신은 젤리 샌들은 아이의 상황을 보여주는 현실이라는 생각이 스친다. 따뜻한 사랑은 기대할 수도 없으며, 관심과 배려에 인색한 보호자와 포악한 동행에게 자기 인생을 의지해야 하는 어려운 시기를 여자아이는 건너고 있는 것이다.

먼 후일 여자아이는 젤리 샌들을 신고 외출해야 했던 이 겨울 저녁이 떠오를지 모른다. 그 서늘한 기억이 삶의 허기로 남아 아이의 삶을 내내 괴롭힐지도 모르겠다.

마이다스의 손

언젠가 주변 사람의 지속적인 권유로 물건을 할부로 구입하면서 자동적으로 다단계 판매업자가 된 적이 있다. 그러다 얼마 후 필요 없는 물건임을 깨닫고 계약을 해지하면서 환불이 안 되는 것을 알았을 때 마음이 좋지 않았다. 이 경험으로 나는 많은 사람들의 물질에 대한 욕망을 실감했고, 그 욕망을 자극하여 쉽게 돈 벌 길을 마련해주겠다는 말 뒤에 숨은 냉혹성을 짐작하게 되었다.

당나귀 귀로 알려진 그리스 신화 속의 마이다스 왕은 우연히 만난 주신 디오니소스의 아버지를 후하게 대접한 대가로 자신의 손으로 만지는 모든 것은 황금으로 변하는 행운을 누린다. 마이다스가 뜻밖에 얻게 된 행운에 기뻐할 때에 먹고 싶은 음식마저 황금으로 변하더니, 자신의 사랑스러운 딸까지 황금으로 변하는 것을 보게 된다. 자신이 받은 축복이 저주일 수 있음을 깨달은 마이다스는 신에게 황금 손을 거두어 줄 것을 간청한다.

유진 오닐의 희곡 밤으로의 긴 여로에는 구두쇠 버릇으로 사랑하는 가족들에게 치유되지 못한 상처를 주는 아버지 티론이 등장한다. 그는 혹독한 가난을 딛고 독학으로 공부하여 연극배우가 된 인물이다. 연극이 좋아 어려운 환경에서도 희곡이란 희곡은 다 읽고, 셰익스피어를 성서처럼 공부하여 일류 배우의 반열에 서게 된다. 티론은 어렵게 노력하여 하고 싶은 일을 하며 살고, 사랑하는 여자와 결혼도 하지만 가난에서 벗어나지 못한다.

이런 그에게 어느 해 행운이 찾아든다. 우연히 별 노력도 들이지 않고 할 수 있는 배역의 작품에 출연하였는데, 그 연극이 흥행에 성공하여 쉽게 큰돈을 벌 수 있게 된 것이다. 처음에는 별 생각 없이 맡았던 배역이 연습이나 노력도 없이 무대에 오르는 상황이 반복되면서 그는 결국 흥행 배우로 남게 된다. 대신 그에게는 많은 돈이 쌓여 다시는 가난에 시달리지 않는다. 셰익스피어 작품을 연기할 수 있다면 굶어도 좋다는 젊은 날의 열정을 돈과 바꾼 티론, 그러나 티론은 마이다스와 달리 부자가 되고서도 구두쇠 버릇은 결코 버리지 못한다.

초등학교 육학년 무렵 당시 학교에서는 점심에 얼마씩 지불하면 우유를 배급받을 수 있어 나도 우유를 마시고 있었는데, 어느 날 한 친구가 내게 관심을 끌만한 제안을 했다. 한 달에 얼마 하는 우윳값을 몇 달 모으면 얼마가 된다고 계산을 하던 아이는, 내게 부모님께는 우윳값만 타낸 후 학교에서는 우유를 마시지 말고 그 돈을 모아 보라는 것이었다. 순간 나도 관심이 쏠리던 것이 기억난다.

부자가 되어서도 불행한 티론은 어느 밤 술을 마시며, 자신이 왜 그리 돈에 집착했는지 모르겠다고, 그 돈으로 무엇을 사고 싶어 그랬는지 모르겠다고 한탄한다. 그건 아마 그가 어린 시절에 겪은 혹독한 가난이 준 지나친 교훈이 돈의 가치를 실제보다 부풀려 생각하게 했고, 사람들 누구나 갖고 있는 물질에 대한 욕구와 돈이 많으면 삶이 안전해질 거라는 기대 때문이 아니었을까.

내게 필요하지도 않는 상품을 구입한 것을 변명하자면 다단계인 줄 모르고라든가, 권하는 사람에게 넘어가서라고 말할 수 있다. 그러나 또 하나 이 상품을 구입하면 수입도 얻을 수 있다는 말에 유혹된 때문이기도 하다. 혹시나 하는 마음이 있었던 것이다. 지나고 보니 초등학교 육학년 때 우윳값을 논하던 아이의 말에 솔깃했던 때나 지금이나 한심스럽다는 생각이 든다.

무언가를 버릴 수 있는 사람은 그것을 가져본 사람이 아닐까. 마이다스가 황금 손을 포기할 수 있었던 것은 물질의 풍요로움이 주는 극단적인 해악의 경지까지 경험해 보았기 때문이다. 그러나 신화 속에서와 달리 현실 속 사람들에게 한 번 선택한 길을 되돌린다는 것은 무척 어려운 일이다.

생활 방식이나 마음먹기에 따라 사람이 기본적인 생활을 하는 데 필요한 것은 그리 많지 않을 수도 있다. 그럼에도 엘도라도를 찾아 떠나고 황금 양털을 얻으려는 사람들의 무자비한 노력과 좌절을, 자신을 꾸미고 우리 집을 장식하려는 끝없는 욕망을 어찌할 것인지 누가 알 수 있을 것인가. 단지 빚 독촉에 시달리는 곤궁한 처지에 몰렸을 때라야 필사적으로 글을 썼다는 발자크처럼, 물질에는 사람을 움직이게 하는 힘이 있음을 알 뿐이다.

넷

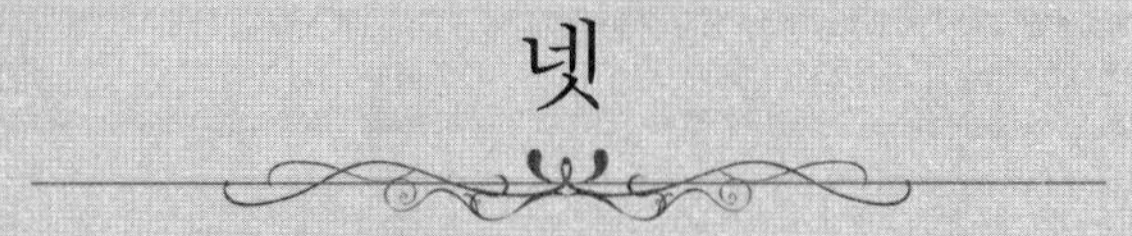

세상을 제대로 살기 위하여는
자기 역할에 맞는 재능과 능력이 필요하다.
그러나 능력만이 전부일 수는 없다.
역할과 기대를 벗어던지고 자신 자체로 돌아가도
있는 그대로의 나를 받아주는 곳이 필요하다.

길 위에서

외가外家는 너무 멀었다. 걷고 또 걸어도 외가를 둘러싼 마을은 보이지 않았다.

정읍과 부안의 경계선 마을에 있는 외가는 정읍 시내에서 드물게 있는 시내버스를 타고 종점까지 가야 했다. 오후에도 인정 없이 내리쬐는 햇빛을 피해가며 한 시간 이상을 기다린 후에야 어머니와 나는 시내버스에 탈 수 있었다.

종점에서 내린 후 이제 몇 걸음이면 외가이려니 했는데 뜻밖에 어머니는 택시를 타고 들어가야 한다고 하셨다. 그러나 택시는 없었다. 다시 무자비한 햇빛 아래서

더위 속을 걸어야만 했다. 아침 일찍 집을 나와 서울에서부터 차에 시달려 온 후, 작은 야산에 있는 산소까지 다녀오면서 시골 길을 질리게 걸은 후였다. 그 동안의 피로가 밀려와 왈칵 짜증이 올라왔다.

시골 곳곳까지 깔아놓은 시멘트 포장도로를 타고 우리는 멀리 보이는 마을을 향해 걸어갔다. 외가는 멀리 보이는 마을이 아니라 그 너머 보이지 않는 곳에 있다는 어머니의 설명이 나를 더 지치게 했다. 속상한 마음에 발길을 돌려 돌아가 버리고 싶은 심술을 애써 다독이며 걸었다.

외할아버지가 돌아가신 후 시골에 홀로 계신 외할머니를 뵈러 다른 가족들의 차에 실려 외가에 몇 번 와 본 적이 있는데, 이렇게 먼 시골이라고는 느끼지 못했다. 어머니에 대한 원망과 나 자신을 향한 무력감이 함께 길을 걷고 있었다.

몸과 마음이 모두 지쳐 입을 앙 다물고 꾸역꾸역 걸어가는데, 한참을 가다보니 길 옆 잡풀 사이로 빨간 것이 눈에 띄었다. 가까이 다가가 살펴보니 책에서 본 그림으로 더 익숙한 야생 산딸기였다. 나는 놀라운 마음에 탄성이 나왔다. 건조하고 지친 길에서 뜻밖에 나타난 산딸기를 보는 순간, 그 동안의 고생이 모두 날아가 버린 듯했다. 논과 논 사이로 난 이차선 도로 한편에 야생 산딸기 무리가 백 미터 넘게 이어져 있었는데 빨갛게 익은 산딸기가 터질 듯했다. 비닐봉지를 꺼내 산딸기를 따서 담기 시작했다.

산딸기를 따는데 코끼리에게 쫓기던 어떤 사람이 우물 속 등나무 덩굴에 매달려 벌꿀을 받아먹는 불교의 감로 탱화가 떠올랐다. 우물 바닥에는 독사가 있고 등나무 줄기는 쥐가 갉아먹고 있는데도, 그 사람이 지독한 현실을 견딜 수 있는 것은 우물 위 어디에선가 떨어지는 벌꿀 때문이다.

햇빛과 더위에도 어머니와 나는 산딸기를 보며 즐거워했다. 우리가 산딸기를 따느라고 지체하는 틈을 타서 택시 몇 대가 연한 먼지바람을 일으키며 지나갔다. 얼마 전까지 애타게 기다리던 택시건만 이제는 신경도 쓰지 않았다. 오히려 택시를 타지 않아 산딸기를 봤다며 다행으로 여겼다. 이제는 시골 길을 걸어갈 수 있는 여유로움이 마음에 자리 잡았다.

아쉬웠지만 산딸기를 뒤로 하고 우리는 다시 길을 따라 걸었다. 높은 하늘, 멀리 보이는 지평선 그리고 의연하게 자라고 있는 논의 벼들. 나는 시골 길을 다시 보기 시작했다. 내가 언제 다시 어머니와 함께 외할머니를 뵈러 이 길을 걸어갈 수 있겠는가. 세월은 걷잡을 수 없이 지나가 버리고, 우리는 함께 나이 들어가는데.

동네 주위에 어둠이 기어 나올 무렵에야 외가에 닿았다. 나는 길에서 따온 산딸기를 씻어 믹서에 갈았다. 사실 맛이 별로 없어서 갈아서 마셔보기로 한 것이다. 할머니는 전날 비가 온 후라 달지 않을 거라고 하시며 더운데 뭐 하러 따왔느냐고 하신다.

만일 외가 가는 길에 산딸기를 발견하지 못했다면 어찌했을까. 몸도 마음도 지쳐 있던 어머니와 나는 서로에게 분풀이를 하며 간신히 외가에 닿았을지도 모른다. 그때 길에서 만난 야생 산딸기의 영상은 내 기억 속에 화려한 꿈처럼 남아 있다. 외가도 외할머니도 사라져버린 지금 다시 그곳을 찾아간다면 그 산딸기를 찾을 수 있을까. 때로 지치고 막막한 일상에서도 어쩌다 만나는 산딸기 같은 위안이 있기에 하늘을 바라보는 여유가 생기지 않나 싶기도 하다.

눈길에서

조선시대 한강 가에 광대 부부가 살고 있었다. 어느 해 이른 봄철 귀신 탈을 쓴 광대가 아내와 함께 얼어붙은 한강을 건너는데, 그만 광대의 아내 발밑 얼음이 깨지면서 여자가 물에 빠진다. 당황한 광대는 귀신 탈을 벗을 겨를도 없이 발을 동동거리며 얼음 위에서 통곡한다. 이때 지나가는 사람들은 광대의 아픈 사정을 모르고, 그저 그가 웃기는 줄 알고 박장대소한다.

겨울날 밤새 내린 눈이 덮인 하얀 세상을 맞이하는 아침이나 소리 없이 내리는 눈을 가만히 바라보고 있자면, 사람의 마음에 아름다운 정서가 스며든다. 눈 속을 헤치며 산길을 걸어가거나, 눈 오는 풍경 속에 여행하는 것도 남다른 정취를 준다. 그러나 눈 내린 후 얼어붙은 길을 조심스레 걸어야 할 때는 좀 불편하다. 그럴 때면 아름다움에는 대가가 따르는구나 싶기도 하고, 미끄러운 눈길의 조심스러움은 뒤끝이 긴 사람과의 불편한 관계 같다는 생각이 든다.

초등학교 고학년 어느 겨울 방학에 외사촌 아이가 우리 집에 놀러왔다. 나보다 두 살 아래의 남자 아이였다. 그 아이가 우리 집에 며칠 머문 사이 나는 사촌아이와 근처에 사는 이모 댁에 놀러갔다 오면서 한 학교에 들르게 되었다. 학교에 가게 된 건 아마 눈 때문이었던 것 같다. 방학 중이라 학교 운동장은 사람의 발길이 닿지 않아 온전히 하얀 세상 그대로였던 것이다. 우리는 눈이 하얗게 덮여있는 학교 안에 안겨 있는 운동장까지 걸어갔다가 다시 학교 밖으로 나오고 있었다. 학교 건물이 언덕 위에 있고 운동장이 아래쪽에 있었는데 학교 건물 건너에 교문이 있었다. 운동장을 끼고 조금 돌아서 가면 학교 건물로 가는 넓고 완만한 경사의 길이 있었지만, 우리는 빨리 교문으로 나가려는 생각에 운동장을 가로질러 가서 노천부대 옆에 있는 가파르고 작은 계단을 오르고 있었다.

계단에는 아무도 밟지 않은 깨끗하고 새하얀 눈이 곱게 쌓여 반짝이고 있었다. 사촌 아이는 장화 신은 발로 쏜살같이 계단을 올라가버렸다. 나는 운동화를 신고서 새하얀 눈을 보며 천천히 올라갔다. 계단 중간 너머까지 올랐을 때 나는 무심코 계단에 덮인 흰 눈을 손으로 쓸어 보았다. 그런데 놀랍게도 하얗고 천진한 눈 밑에 투명한 얼음이 견고하게 자리잡고 있었다. 전에 내린 눈이 녹아 얼어붙은 계단 위로 다시 눈이 내려 덮여 있었던 것이다.

처음에 눈이 덮인 계단만 보았을 때는 계단을 오르는 것이 평소와 같았는데, 눈 밑의 얼음을 본 순간 나는 계단 오르는 것이 무서워졌다. 아까처럼 꼿꼿이 걸어 올라갈 수가 없어서 나는 사촌 아이를 불렀다. 위쪽에서 그 아이가 나를 내려다보았다. 나는 그 아이에게 무심코 손을 좀 잡아달라고 했다. 그런데 뜻밖의 대답이 날아왔다. 이상한 웃음소리와 함께 여자들은 정말 웃긴다는 것이다. 나는 그 아이의 상상을 짐작하고 아무 말 없이 계단을 올라왔다.

오래전 독일어 강독 시간에 번역하던 이지도르 이야기가 생각난다. 이지도르는 약재사로 아내와 만족스런 가정을 꾸려가는 남자이다. 그러나 이지도르는 아내로부터 도대체 어디 갔었느냐는 질문을 받으면 참을 수 없는 스트레스를 받았는데, 겉으로는 아무렇지 않은 척한다. 그는 이 말을 듣고 싶지 않아 아내가 던지는 문제의 질문이 나올 것 같은 상황에서부터 긴장을 하고, 듣고 나서는 극도로 흥분하는 것을 피하려 애쓰게 된다. 그러다가 이지도르는 자신이 원치 않는 방향으로 가족들과 헤어지게 된다는 이야기이다. 아마 그의 아내는 남편의 이해 못할 행동의 원인이 되는 자신의 언어 습관을 끝내 몰랐을 것이다.

함께 공부하던 친구는 이지도르가 나쁘다고 판단했다. 문제가 있으면 상대방에게 말을 하여 풀어가는 것이 바른 태도이지, 그런 식의 회피가 결국 이지도르는 물론이고 가족들에게도 큰 상처를 주었다는 것이다.

사람들 사이에 문제가 생길 때 서로 대화하며 풀어가는 것은 누구나 생각하는 이상적인 방법이며, 꼭 필요한 일이기도 하다. 그럼에도 나는 대화로 해결 못할 관계 문제가 없는 것처럼 말하는 것에는 수긍하기 어렵다. 사람 사이는 미묘해서 서로 간의 소통이 생각처럼 쉽지 않으며, 말로 교환하는 소통이 전부도 아니다. 사소한 일일수록 더 그러하다. 사람들은 누군가와 눈에 보이는 큰 차이나 자신이 어찌할 수 없는 점에 대해서는 체념하고 포기하는 것이 더 빠르고 쉽다. 그런데 오히려 아주 작고 세밀한 정서의 차이나 마음의 어긋남은 표현하지 못하는 경우가 많고 어찌할 도리가 없음을 직감적으로 느끼는 때가 있다. 어떤 치명적인 문제가 너무 사소해 보일수록 표현은 어렵고 상대가 알아서 배려해주기를 원하기도 한다. 그런 탓인지 사람들은 큰일은 대범하게 수용하면서도 작은 일에 분개하고 행복해하기도 한다.

외사촌 아이와 내가 친밀한 사이였거나 적어도 존중하는 관계였다면, 내 부탁의 말에 그처럼 노골적인 대응은 나오지 않았을 것 같고, 나 역시 혼자 계단을 올라와서는 외사촌에게 그가 미처 보지 못한 계단의 눈 아래에 숨은 얼음을 보여주지 않았을까. 그러고 나서 정말 올라오는 게 무서워서 그랬다고, 너 그럴 수 있느냐고 말할 수도 있었을 것이다. 그러나 나는 그 아이와의 관계를 위해서나 손을 잡아달라던 내 말의 변명을 위해 그런 수고를 하고 싶지 않았다. 무서워도 혼자 올라올 수 있는데, 괜히 먼저 겁먹고 생각 없이 아쉬운 말을 했구나 싶어 마음이 좋지 않았고, 외사촌의 근거 없는 우월감이 어이없고 매스꺼웠으며, 그 아이의 상상 자체가 너무 역

겨워 싫은 마음이 앞섰다. 지금 돌아보면 그 아이는 여자 아이는 이러하다는 속된 선입관에서 비롯된 전제조건과 별 볼일 없어 보이는 내 겉모습으로 나의 말을 판단하고 대응한 것이다.

사람들은 겉모양이나 선입관으로 대상을 판단하는 것이 위험한 일임을 누누이 교육받고 자라지만, 나이가 들어도 겉으로 보이는 모습으로 가볍게 판단하는 오류에서 벗어나기가 힘든 것 같다. 상대방의 내면보다 겉으로 보이는 모습에 휘둘린다는 것은 사람이 그만큼 나약한 존재라는 반증이기도 할 것이다. 그렇기에 타인에게 보여지는 내 모습에 신경 쓰지 않을 수 없을 것이다. 매스컴을 통해 멋진 모습을 보이던 유명 연예인의 자살 소식이나, 세상에서 인정받지 못하고 광기로 치달아버린 예인들을 접할 때, 나는 조선시대 한강 가에 살았다는 광대 부부의 이야기가 떠오른다. 세상에 보여지는 모습과 진짜 나 사이의 간극이 너무 클 때 오는 고통이 광대의 통곡과 같은 것이 아닐까 짐작한다. 그러나 세상은 한없이 몰인정하지는 않으며, 진실은 알려지기 마련이니 광대 아저씨도 나중에는 이웃에게 아픈 사정이 알려져 따듯하게 위안받았을 거라고 뒷이야기를 상상한다.

따듯한 적막

대학 이학년 때던가. 지루한 오후에 별 생각 없이 친구와 들어간 학생회관 대극장에서는 드문드문 앉아 있는 객석의 관객들 무대 위로 셰익스피어의 오셀로가 진행되고 있었다. 노란 머리에 연둣빛 공단 드레스를 떨쳐입은 데스데모나와 검은 복장의 칙칙해 보이는 오셀로의 모습과 함께, 몸에 붙는 붉은 옷에 갈색 가발을 쓰고 악마의 화신으로 등장한 이아고의 모습이 생생하다. 그 후에 여러 차례 연극을 보았지만 내가 본 진짜 연극은 그 붉은 이아고가 보여 준 연극 하나인 것만 같다.

가끔 혼자 아무 하는 일 없이 있을 때면 손을 넣은

두툼한 초콜릿색 문이 소리 없이 열리며, 붉은 이아고가 내 손을 잡고 객석의 통로를 걸어가는 상상을 한다. 뜻밖에 영문과 학생들의 원어 연극을 보던 때, 무대 위에서 열정을 내뿜던 젊은 배우들의 생기를 아무렇지도 않게 느끼며 연극 공연을 보러 다니던 그 때 나도 그들과 같은 젊음이었음을 새삼 추억한다.

어릴 때 시골의 많은 집 대문에는 하얀 페인트로 개조심이라는 글자를 써놓았고, 개에 물린 아이가 겪어야만 했던 괴로운 이야기를 듣고 자란 나는 우리 집에 있는 개나 고양이조차 거리를 두고 바라보았다. 그런 두려움 탓인지 혼자 골목길을 걸어가는데 개를 만나거나, 옆집 대문을 두드리는데 개가 짖기라도 하면 몸이 굳어지는 것 같았다. 그러면서도 내 무서워하는 마음을 들키기라도 하면 개가 더 사납게 나올까봐 억지로 태연한 척하려 애썼는데 그게 더 어려웠다.

도시로 이사 오기 몇 해 전 겨울, 집에서 키우던 개가 강아지들을 낳았다. 나는 그 강아지들이 보고 싶어 마루 옆의 개집에 고개를 박고 있다가 갑자기 다가온 어미 개에게 등을 물렸다. 다행히 두꺼운 겨울옷을 입고 있어서 상처는 없었다. 아마 그 때 우리 집 개도 평소에 데면데

면하게 굴던 내가 자기 강아지를 보고 있으니, 놀랍고 두려운 마음에 충동적으로 나를 물었던 것 같다.

깊은 밤, 개들은 달을 보며 짖기라도 했을까. 멀리 어느 집 개가 한 번 짖으면 그 소리에 화답하듯이 다른 집 개나 우리 개가 짖어댔다. 그런 밤 한 번쯤 밖에 나가서 개가 짖는 이유를 알아봐도 좋았으련만, 나는 그러지 않았다. 이제 잠들지 못하는 깊은 밤 나는 오래전 개 짖는 소리를 추억한다. 푸르스름한 안개가 자욱한 마당에 작은 강아지들을 단속하고 나온 커다란 검은 개가 신비한 환영 같은 하늘의 달을 보며 짖는 모습을 상상한다. 아무 인기척 없는 달밤에 짖는 개의 영상은 내게 따듯한 적막감으로 다가온다.

학교 다닐 때 알던 한 친구는 마음이 외롭고 삭막해질 때는 강신재의 젊은 느티나무를 읽는다고 했다. 그러고선 욕실로 들어가 비누칠을 잔뜩 하여 몸을 씻고는, 자신의 몸에서 나는 비누 냄새를 맡으며 그 소설의 내용을 중얼거린다는 것이다. 또 어떤 이는 비 오는 날과 우울증이 겹치면 우산도 받지 않고 비를 흠뻑 맞으며 시내를 쏘다니다, 영화관에 들어가 영화를 보며 옷을 말린다는 이야기도 들었다. 가끔 서점에 가서 새로운 장정으로 나온 젊은 느티나무를 볼 때면 시골에서 약국을 하는 남자와 결혼한 학교 친구가 생각난다. 비를 맞은 채 영화를 본다는 그는 몇 해 전 서해에 있는 섬에 다녀오다가 익사했다는 소식을 들었다.

잠에서 깨어 다시 일상으로 들어서기까지의 낯설음이 무거울 때, 해질 무렵이면 알 수 없는 외로움이 다가와 나를 가라앉히거나 혼자 있는 어둠이 막막해질 때면, 나와 익숙했던 누군가가 그리워진다. 그럴 때 솟아나는 이아고의 환상, 친구의 비누 냄새, 영화를 좋아하던 그가 당시에 개봉한 아마데우스를 본 후 들려주던 이야기, 우리 집 작은 강아지들의 순진무구한 모습이 떠오른다. 아마 이런 이유로 사람들은 애완동물을 키우며 마음의 등불을 켜고 지나가 버린 추억에 마음을 주는 것인가 생각한다.

봄날

눈부신 날씨였다. 정오 무렵 일을 마치고 집으로 돌아오는 버스 안에서 햇빛이 눈부셔 눈을 뜰 수 없었다. 그래, 오월이구나. 일년 중 가장 아름다운 계절. 지나가는 차창 밖으로 학교 울타리를 덮은 넝쿨 장미가 피어나고 있었다. 이제 계절은 봄의 절정에 이를 것이고, 내가 모르는 타인들은 행복에 겨워할 것이다. 손가락 사이로 빠져나가는 햇살처럼 나도 모르게 지나가버린 시간들, 내 것으로 만들지 못한 꿈들은 어디로 누구에게로 가버린 것일까.

완연한 봄이 되어 주위 분위기가 들뜰 무렵이면, 나

는 마음이 가라앉으면서 성서의 창세기 마무리 부분에 나오는 요셉 이야기가 떠오르기도 한다. 요셉은 야곱의 열두 아들 중의 하나로 아버지의 특별한 사랑을 받으며 성장하는데 형제들에게는 그 사랑만큼 지독한 미움을 받는다. 그 미움과 더불어 요셉이 발설한 찬란한 꿈은 형제들을 분노케 하고, 결국 형제들은 적절한 기회에 요셉을 이집트의 노예로 팔아버린다. 이국땅에서 고생을 거듭하면서도 신의 사랑과 꿈의 실현을 믿은 요셉은, 결국 그의 꿈처럼 이집트의 최고 책임자가 되는 영광을 누린다. 봄이면 이 이야기가 생각나는 까닭은, 내가 대학 다닐 무렵 학교 신문에서 읽었던 한 편의 칼럼 때문이다.

글의 내용은 봄이 되었는데도 깊은 골방에서 봄을 당당하게 맞이하지 못하는 이들에게 주는 위로의 메시지였다. 그 위로의 근거로 제시한 예가 요셉이다. 형제들에게 죽임을 당하려다 가까스로 면하고 노예로 팔려간 요셉이 나중에 얼마나 큰 성공을 이루었는가. 그의 성공은 꿈을 믿고 길고 긴 어둠 속에서도 절망하지 않은 용기 때문에 이룬 결과가 아니겠는가. 그러니 낙망하지 말고 꿈을 믿고 노력한다면 언젠가는 아름다운 봄을 내 것으로 취할 날이 올 거라는 글이었다.

이 칼럼을 읽고서야 요셉 이야기 속에 들어있는 교훈을 알게 된 것 같다. 그러나 어릴 때는 교훈은 생각도 못하고, 단지 형제들이 배다른 동생인 요셉을 죽이려다가 노예로 팔아버렸다는 부분에 집중했다. 나이가 들면서야 이 부분의 의미를 나름대로 이해하게 되었다. 좋든 싫든 관계 속에서 살아야 하는 사람들에게 애증의 대상은 나와 가까운 가족이나 이웃이 될 수밖에 없을 것이다.

그리고 요셉의 형제들을 생각한다. 그들은 요셉의 영광을 위해 필요한 들러리였을까. 아버지 야곱으로부터 남다른 사랑을 얻지 못하고, 젊은 날의 격정 속에서 동생을 해친 죄인이 된 그들. 요셉의 성공을 더 찬란하게 빛내는 조역이 된 형제들이 안쓰럽기도 했다. 한 명의 뛰어난 요셉을 위해 열한 명의 어리석은 형제들이 필요했던 것인가.

세상은 여러 명의 요셉을 용납할 수 있을 정도로 물렁물렁하지 않다. 그럼에도 판도라의 상자 속에서 뛰쳐나오지 못한 희망 탓인지 사람들은 꿈을 꾸며 자랄 것이다. 성공한 이들은 꿈은 이루고 나면 공허하다고 말한다. 오히려 소박하고 단순한 삶 속에 행복이 깃들여 있다면서. 그러나 사람에겐 갖고 싶었으나 손에 넣지 못한 것,

이루고 싶었으나 현실로 만들지 못한 꿈, 들어가고 싶었으나 거절당한 곳, 얻고 싶었으나 받을 수 없었던 사랑에는 그것을 내가 가져보지 못했다는 이유로 드러나지 않는 어떤 비애가 마음속에 숨어 있을 것이다.

세상을 비껴간 사람들, 주변에서 떠돌다 이름 없이 사라져간 많은 이들, 자신이 받은 상처를 주변 사람에게 되풀이하며 자신을 세상과 더 어긋하게 하고 마는 사람들, 요셉의 성공 뒤에서 지난날의 죄에 떨다가 어리석은 사람으로 기억되는 그의 형제 같은 사람들을 생각한다. 그들에게도 봄날이 있었을까.

봄이 짙어지면서 장미가 피어나는 계절은 봄의 절정이며 한 해의 꽃 같은 시기이다. 요셉의 형제들에게도 분명 이야기에서 말해지지 않은 봄날이 있었을 것이다. 봄은 요셉 같은 이에게만 찾아오는 것은 아니라고, 결정적 순간은 단지 아무렇지도 않은 일상이라 하듯이, 누구나 자기 역할에서 의미와 평화를 찾을 때 각자의 봄을 맞는 것이라고 가만히 생각해 본다.

환상처럼

오늘 밤 내게 재미있는 이야기를 들려준다면, 다음 날 너를 죽이지 않겠다는 약속에서 시작되는 천일야화의 이야기에는 사람의 정신을 앗아가는 환상 이야기가 넘친다. 하늘을 가린 빌딩들, 거칠게 달리는 자동차들, 자연재해가 몰고 오는 불행 그리고 쉽게 와주지 않는 행운과 기다림 속에 사는 사람들에게 그런 환상 이야기가 없다면 너무 일찍 늙어버릴지도 모른다. 그래서 많은 이들은 영화에, 텔레비전 드라마에, 다른 사람의 인생에 그토록 관심이 많은 것일까.

과천에 온 후 처음 나간 교회에서 내게 가장 낯설었

던 것은 낮은 천장이었다. 콘크리트 건물에 하얀 칠을 하고 그 사이에 전등이 여러 개 밝혀진 채, 왼쪽 상단 구석에는 물이 샌 자국으로 얼룩진 천장이었다. 그 낮은 천장이 이상하고 답답했던 것은 전에 내가 오래 다닌 교회의 높은 천장에 익숙했기 때문이다. 그런 이유였는지 교회 천장은 그렇게 높아야 된다고 무의식적으로 알고 있었나보다. 예전에 다니던 교회는 상당히 오래 되었는데 세월의 흐름에 따라 여러 차례 증 개축하였다. 그런데 본당의 기본은 그대로 유지해서 그 천장의 높이도 그대로였다.

새로 간 교회에서 낮은 천장을 경험한 후에 나는 예전 교회의 높은 천장이 내게 주었던 정서를 짐작하게 되었다. 나는 아마 높은 천장에서 두려움과 함께 어떤 환상이나 막연한 희망 같은 걸 가졌던 듯하다. 사람의 운명, 신의 은혜 그런 것들은 영원 속에 파묻힌 알 수 없는 곳에 있다는 생각과 함께 내 미래 역시 저 천장처럼 높고 먼 곳에, 또 거기에 주렁주렁 매달린 샹들리에처럼 우아한 공간 어디에 있을 거라는 환상을 가졌던 것 같다. 그러다 낮은 천장으로 바뀐 공간에서 이제는 현실로 다가온 내 삶과 사람들의 인생을 보게 된다. 삶은 어디 저

멀리보다는 가까운 여기가 아닐까 하는, 인생은 끝없이 펼쳐진 자유의 공간이 아닌 자신의 한계 내에서 발버둥쳐야 하는 답답한 공간일지도 모른다는 생각이다.

그 낮고 하얀 천장과 단순한 등불, 얼룩들은 내게 네 삶을 보라고 말하고 있었다. 이제 어린 시절의 환상은 벗어버리라고. 너 역시 이 낮은 천장 아래 묶여 사는 보잘 것 없는 이들 중 하나라고. 그리고 사랑이나 운명, 신과 같은 의미도 결국 소소한 우리 삶의 갈피 안에 있음을 일러주고 있었다. 낮게 드리운 천장은 삶의 실체를 보여주는 하나의 우울한 상징으로, 일상에서 겪는 작은 기쁨을 놓치지 말라는 친절한 위로로 사람들을 바라보고 있었다.

자신에게 미래가 있다고 여겨질 때는 가난도 외로움도 두렵지 않게 된다. 지금의 현실은 잠시 내가 건너야 할 강이라고 생각되기 때문이다. 종교를 일반인들을 향한 통치 수단으로 삼았던 시대, 종교 건물을 그렇게 웅장하고 신비하게 세웠던 이유 중의 하나는 일반인들의 억눌린 욕구를 환상 속에서 잊게 하려는 지배층의 마음이 작용했던 것은 아닐까.

가끔 삶이 정말 꿈꾸기인지 꿈깨기인지 모호할 때가

있다. 꿈과 환상은 다른 의미지만 비슷한 면도 지니고 있다. 이솝 우화에서 우유 짜는 아가씨가 우유를 팔기도 전에 멋진 남자의 청을 거절하는 환상 속에서 우유를 엎질러버린 것이 현실이 받쳐주지 않는 환상으로 망한 경우라면, 전설의 도시 트로이를 발견한 슐리만은 현실과 환상이 조화를 이룬 한 예를 보이고 있다. 어쩌면 사람들이 지닌 그 환상들이 이루고 싶은 꿈으로 이어지고, 현실이 되어 인간을 노동에서 해방시켜 문명을 이루게 하고, 인간의 발걸음이 우주로 향하게 한 계기가 되게 했을 것이다.

어린 시절, 교회의 높은 천장에 나 있던 작은 창으로 내리비치던 햇살을 보며 눈을 감던 일. 평일에 친구와 오래된 성당에 놀러갔다가 그 안에서 어떤 소리가 울리는 듯해 몸을 떨던 일. 지금 좀 게으름을 피우며 살아도 시간은 얼마든지 나를 위해 있을 것만 같던 시절, 높은 천장 아래서 누리던 나태한 환상을 다시 한 번 만나고 싶다.

음악이 되는 이름

'내가 들어본 것 중 가장 아름다운 소리, 마리아. 세상에 하나뿐인 가장 아름다운 소리, 마리아. 마리아, 그 이름을 크게 부르면 음악이 되지요. 그 이름을 부드럽게 부르면 마치 기도 같아요. 난 결코 부르기를 멈추지 않을 거예요. 마리아' 뮤지컬 웨스트사이드스토리에서 남자 주인공 토니의 연인 마리아를 향한 사랑 고백을 담은 널리 알려진 노래이다. 서양 여성의 일반적인 이름으로 익숙한 마리아가 이 노래에서는 특별한 한 사람을 지칭하면서 토니만의 마리아가 되어 관객에게 다가온다.

어린 시절 우리 집은 언덕 위에 있어 길을 올라와서

대문에 들어서게 되었는데, 아버지는 퇴근하고 집에 오실 때면 늘 현정이라는 내 이름을 몇 번씩 부르셨다. 특히 술을 드시거나, 귀가가 늦은 날이면 더 멀리서부터 다른 때보다 큰 소리로 내 이름을 부르며 들어오셨다. 때로는 안방에 들어오신 후에도 내 이름 부르는 것을 멈추지 않으셨다.

약간 술에 취한 채 내 이름을 오래 부르신 날 아버지는 외로우셨던 걸까. 그 때 내 어린 눈에는 어른들이 커 보이기만 해서 그런 생각을 못했지만 아버지는 내 이름을 부르며 어떤 애정에 기대고 싶으시지는 않았나 헤아린다. 내가 커가면서 아버지도 내 이름 부르는 일이 점점 줄어들었고 나는 하는 것도 없이 내 인생에 분주했다. 그러는 사이 아버지도 연세가 드시고 쇠약해지셨을 것이다. 내가 성인이 된 후 아버지는 믿기지 않게 가족들의 곁을 떠나셨다.

낮은 소리로 마리아를 반복해서 부르는 이 노래를 들으면, 나를 부르며 다정하셨던 아버지가 떠오르면서 그 이름 부름도 아버지가 내게 남긴 또 하나 사랑의 흔적임을 뒤늦게 생각한다. 내 존재 자체가 기쁨이셨을 아버지의 애정이 그저 당연한 것인 양 아무렇지도 않게 느꼈던 지나간 시간들이 다시는 누릴 수 없는 소중한 시절이었음을 깨닫는다.

아버지는 내가 초등학교 다닐 무렵 쓴 일기를 언제 보셨는지 칭찬을 많이 하셨고, 여러 가지 동화책을 권해 주셨다. 하루하루의 신문은 역사물이라는 생각에 한 달 동안 본 신문을 모아 안방 위 다락에 갖다 두는 게 중학생인 내가 집에서 해야 하는 일이었는데, 방학이면 아버지는 신문 사설을 노트에 옮겨 써보라고 하셨다. 가사 시간의 숙제인 뜨개질이나 수예가 서툴러 내가 허덕거리면 그건 못해도 괜찮으니 책을 보라고 하신 것도 생각난다. 지금 돌아보면 아버지는 누구보다 내 성향을 잘 아는 분이었다는 생각이 든다.

누군가를 사랑의 눈으로 대할 때 그는 음악이 되고 기도가 되는 것일까. 특히 부모에게는 자식이라는 자체가 음악이며 기도일 것이다. 자녀를 향한 애틋한 사랑이 환희와 소망을 품고 있을 것이기 때문이다. 아버지가 내게 품었을 소망과 소망 대신 자리했을 실망감에 잠시 마음이 시무룩해진다. 하지만 실망스럽기에 더 안쓰럽고 애틋한 아이가 내가 아니었을까. 이제는 내 이름을 부르며 나를 챙기셨던 아버지의 추억이 지금의 내게 음악처럼 기도가 되어 나를 위로하며 손을 잡아주는 것을 아버지는 알고 계실까.

오래전 풍경 하나

어느 날 나는 종로의 한 극장 앞에서 한 사람을 기다리고 있었다. 함께 영화를 보기로 한 것이다. 전날 전화로 그녀가 먼저 와서 표를 사놓겠다고 해서 오늘은 제시간에 오겠지 했는데 아니었다. 나는 길가에 서서 횡단보도를 건너오는 사람들의 모습을 주의 깊게 바라보고 있었다. 전에도 그랬다. 지하철 역 출구에서, 서점 앞에서 조금씩 늦게 나타나는 그녀를 기다리고는 했다.

나는 누군가와 만날 때는 약속 시간을 잘 지키려고 애쓰는 편이다. 예전에 살던 곳에서는 한 친구를 만나러 시내 한 서점 앞으로 가곤 했다. 시내 중심가 교차로 옆에 있던 대형서점에는 항상 많은 이들이 누군가를 기다리며 서성이거나 책을 보고 있었다. 학교 친구를 그 서점 앞에서 만나고는 했는데 그 애도 늦게 나오는 때가 있었다. 그러면 처음에는 서점 안에서 책을 보다가, 나중엔 밖으로 나와 지나가는 행인을 바라보기도 했다.

처음 몇 분은 만남에 기대를 안고 기꺼이 기다린다. 그러나 나처럼 기다리던 이들이 하나 둘 일행을 만나 떠나고, 새로운 사람들이 와서 기다리기 시작하면 슬슬 불안해지기 시작한다. 혹시 약속 시간이나 장소가 틀린 건가 해서 다시 확인해보고 시계를 쳐다본다. 그래도 오지 않으면 상대방이 잊은 걸까 하는 실망의 시간이 찾아온다. 결국 오지 않을 수도 있다는, 여기까지 나와서 그냥 가야 될지도 모른다는 생각에 잠시 막연해하다가 마음을 접는 포기의 상태가 된다. 그 때쯤 만날 사람이 언뜻 보이면 반가운 마음이 앞서 기다리던 동안의 근심은 공중으로 날아가 버린다. 잊을 수 있기에 행복한 나는 기꺼이 웃으며 상대방을 만난다.

길 위에서 누군가를 기다리는 일은, 기다리는 일의 막막함이 몸으로 느껴지는 시간이다. 나를 지나치는 무수한 발걸음과 표정 속에 무슨 사연이 있나 잠시 궁금해지기도 하는 그 시간은, 무표정한 행인들의 모습 속에서 만나야 할 이가 하나의 의미가 되어 내게 다가옴을 실감하는 순간이다. 나는 저들 속에 그 누구도 아닌, 내가 아는 그 사람을 기다리는 것이다. 약속에 대한 안정된 믿음을 바탕으로 무언가를 혹은 누군가를 기다리는 일은 실제의 만남보다 더 간절한 경험일 수 있다. 거기에조차 잠시 회의의 바람이 일기도 하는 것이 사람의 마음이지만, 그런 잠깐의 불안이 있기에 만남이 더 기쁠 것이다.

지는 해를 보며 내일을 기다리고, 친구와의 약속을, 내게 찾아올 기회를, 돌아올 가족을 기다리고, 소망을 안은 채 미래를 기다리는 일. 삶은 무수한 기다림과 만남의 환희 속에서 진행된다. 기다리는 대상에 대한 확신이 있을 때 기다림은 희망이 되고, 그 믿음이 흔들릴 때 방황이 시작된다. 그런 까닭에 사람들은 죽음 후에까지 갈 곳을 정해놓고 영혼이 다다를 꿈의 세계를 기다리는 것일까.

봄이 시작되고 있었다. 무겁고 가벼운 옷차림의 사람들 사이로 나와 영화를 보기로 약속한 이의 모습이 보인다. 그녀는 그렇게 늦게 도착하고서도 나를 웃음 짓게 했다. 신경을 쓰고 나온 듯한 그녀의 몸차림을 보며 나는 자신의 삶을 애써 가꾸어가려는 그녀 나름의 노력을 엿본다.

함께 독서클럽이며 철학 모임에 기웃거리고 영화를 보러 서울 거리를 헤매고 다니던 그녀도 먼 곳으로 이민을 가버린 후 이제는 그녀를 기다리는 일이 없다. 오래전 친구와의 만남을 기대하며 내가 살던 시내 거리의 서점 앞길의 보도블록들은 거기를 서성이던 내 발소리를 기억하고 있을 거라는 애틋한 정서도 이제 희미해져버렸다.

누군가를 기다리던 나를 추억하며 삶은 늘 새롭게 변하는 것임을 깨닫는다. 늘 같은 자리에 있는 것 같았지만 사실은 나도 나를 둘러싼 환경도 내 마음도 새로워진 것이다. 삶은 시작과 끝이 맞물리면서 새롭게 변화하는 생명체임을 실감한다. 이별 없는 마을은 없을까 라며 헤어짐을 아쉬워하는 어느 여행자의 말을 기억하지만, 작별 뒤에는 새로운 만남이라는 변화의 기쁨이 있는 것이다. 사실 그것이 여행이 갖는 매력이기도 하다. 그렇게 자신이 기다리고 만나는 대상이 바뀌어가면서 삶은 완성을 향해 만들어져가는 것이다.

다섯

요셉은 이집트로 간다.
물론 형들에게 팔려갔다고 하지만 요셉의 선택이기도 했을 것이다.
그가 우물 속에서 올려졌을 때
어떻게든지 집으로 도망할 궁리를 했다면,
아버지에게로 갈 수 있지 않았을까.
이전과는 다른 세상을 알고 다른 자신을 경험했기 때문에
요셉은 야곱의 그늘로 돌이기지 않은 것이다.

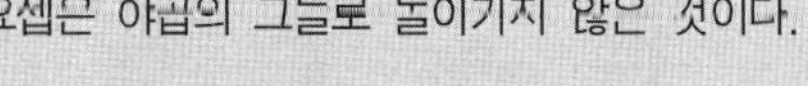

저녁이 가고 아침이 오는 사이에

절대왕정 아래서 배고픔에 허덕이던 민중은 드디어 프랑스혁명이라는 최후의 카드를 꺼내어 바스티유 감옥을 점령한다. 이어 태양왕 루이 14세가 남긴 베르사유궁에서 지내던 국왕 일가를 파리의 튈르리궁으로 옮겨 살게 한다. 혁명이 장기화되는 상황에 불안해진 국왕 일가는 마리 앙투아네트의 고국 오스트리아로의 탈출을 감행한다. 그러나 늦어버린 탈출 시기와 떠나는 과정에서 지체된 시간으로 인해 오스트리아군과의 약속이 어긋나 버린다. 국왕 일가가 벌인 오 일 동안의 도피 행각은 실패하고 바렌느 도피 사건으로 알려진다. 분노에 찬 군중의 시선을 받으며 그들이 다시 파리로 돌아왔을 때, 아직 젊은 마리 앙투아네트의 아름답던 갈색머리는 노파의 백발로 변해있었다.

오래전 학동들이 처음 한문을 배울 때 보는 천자문은 백수문이라고도 한다. 무슨 일 때문인지 몰라도 천자문을 지은 저자는 젊은 나이에 황제로부터 사형선고를 받는다. 위대한 시인으로 이름이 높은 저자를 아끼던 백성들은 그를 살려 달라 왕에게 간청한다. 이에 왕은 아무렇게나 모아놓은 천 개의 글자를 가지고 하룻밤 사이에 훌륭한 시를 지으면 살려주겠노라고 제안한다. 다음날 아침 젊은 시인이 천자문을 가지고 황제 앞에 섰을 때 아무도 그를 알아보지 못한다. 목숨이 걸린 과제에 매달린 하룻밤 동안 그의 머리가 백발로 변해버렸기 때문이다.

머리카락에 대한 이야기가 나오면 관심을 기울이는 것은, 내가 남들보다 이른 나이에 머리숱이 적어져 애를 태운 탓이다. 적어지는 머리카락 때문에 어찌나 심려했는지 그 마음 씀이 더 괴로웠다. 병원에 다니며 검사를 하고 이러저런 치료를 받으면서 약을 발랐다. 두피 건강에 도움이 된다는 식품에도 관심이 많았다. 어머니가 농사지어 재배한 사람에게 구입하여, 아홉 번 쪄서 말려준

검은 깨와 검은 콩이 생각난다. 냉장고에 가득하던 연근, 칡뿌리 즙들은 미처 먹지 못하고 버리기 일쑤였다. 그러다 내 상황을 너그럽게 받아들이면서 적은 머리숱이 주는 스트레스에서 좀 놓여났나 싶더니 타인의 눈에 먼저 보이는 흰 머리카락이 당황스럽다.

머릿결이나 머리 모양은 외모에 주는 영향이 크기 때문에 여성들이 많이 신경 쓰는 부분이다. 긴 머리를 앙증맞게 정돈한 여자 아이를 보면, 아이의 머리를 만져주었을 어른의 손길을 느낀다. 딸의 머리를 빗겨주며 자기 머리 손질하는 법을 일러주는 것은 딸의 여성성을 사랑하고 존중하는 태도이며 여자 됨을 축하하는 일이기도 한 것이다. 동화 속에서 백설공주가 하얀 피부와 고전적인 드레스로 승부한다면, 라푼첼은 길고 탐스러운 금발을 자랑한다. 그녀가 사는 높은 탑 안으로 들어갈 문을 찾지 못한 연인은, 라푼첼이 빗어 내린 황금빛 머리카락에 의지해 탑으로 올라와 사랑을 나눈다.

남성에게도 머리카락은 힘과 매력의 원천이 된다. 다윗의 아들 압살롬은 발바닥에서 정수리까지 흠이 없는 완벽한 외모로 칭찬받는 인물이다. 그는 무엇보다 아름다운 머리카락을 가진 준수한 용모의 왕자이다. 왕위 승계 문제로 다투는 싸움에서 압살롬의 죽음만은 피하고 싶었던 다윗의 마음과 다르게, 압살롬은 그만 아름다운 머리카락이 상수리나무의 가지에 걸리는 불운을 당한다. 사슴의 머리에 난 우람한 뿔이 도망치는 발길을 더디게 하듯, 나뭇가지에 머리카락이 걸려 지체하는 사이 그의 심장은 정적의 칼을 맞는다.

어언 순간 적은 머리숱을 받아들이고 담담해지면서 나를 애태우던 시간이 지나고 보니, 삶은 한 순간을 사는 것이지 싶다. 이집트를 떠나 광야를 떠돌던 이스라엘 백성들에게 신이 단 하루치만의 식량을 허락하듯이. 한 번에 하나를 살다보면, 하나하나가 모이고 쌓여 나를 만들고, 그 하나들이 어느 순간 힘이 되어 가능성을 열어주는 것이다. 지금의 머리카락 자체보다 예전 탐스러웠던 내 머리칼을 생각하며 우울해하고, 앞으로 머리카락이 어찌 될 것인지 걱정하는 그 마음 자체가 나를 더 괴롭게 하는 것이다. 내가 놓인 이 순간 이 하루를 온전히 내 것으로 가질 수 있기를, 지나버린 날들에 대한 아쉬움이나 다가올 시간을 향한 기대에 들뜨거나 두려움에 머뭇거리다 지금을 놓치지 않기를 소망한다.

프랑스 혁명이 일어날 당시 어머니로 성숙했던 마리

앙투아네트는 자신보다 아이들을 위해 살고 싶었을 것이다. 극도의 공포를 경험하고 아이들까지 잃은 그녀는 모든 것을 내려놓은 채 더 이상 젊지 않은 여인으로 죽는다. 천자문을 지은 저자의 개인 정보는 모르지만, 그가 젊고 재주 있는 시인인 만큼 오만한 사람이었을 것으로 짐작한다. 죽음과 투쟁을 벌인 하룻밤 사이에 시인이 잃은 것은 검은 머리카락만이 아닐 것이다. 이제 한 번에 하나를 사는 겸손을 배웠을지도 모르는 시인은 더 이상 젊을 수 없는 사람이 되어 살아가지는 않았을까. 반면 준수한 왕자 압살롬은 다가오는 죽음에 떨릴 사이도 없이 아름다운 머리카락을 간직한 채 숨이 멎는다. 두려움과 나이 듦에 퇴색하지 않은 그의 머리카락은 죽음으로써 젊음의 오만한 꿈을 완성한다.

바람이 멈출 때

먼 길을 가는 새가 특별한 바람을 걸치는 것처럼 자기 몸에 어울리는 옷을 자연스럽게 입은 영화 속 여자가 말한다. 옷을 잘 입으면 자기 내면의 부족한 부분을 채워주는 느낌이 든다고. 상황에 맞게 옷을 잘 차려입으면 더 큰 자유를 누릴 수 있다고 한다.

대학에 들어가면서 나는 몸차림에 신경이 많이 쓰였다. 내 내적 욕구보다는 주변을 의식한 탓이었다. 학교로 향하는 스쿨버스에 타면 여자 아이들의 화려한 머리 모양과 화장한 얼굴, 어른스런 옷차림이 내 모습과 달라 보여 고민을 했다. 어떻게 하면 나도 저들처럼 꾸미고 다닐 수 있을까 생각하고 나름대로 애를 썼다. 멋있어 보이는 옷을 사 입고, 머리를 부풀리고 액세서리를 사는 등 여러가지 시도를 했다.

그렇게 한 이 년쯤 허겁지겁 남들을 따라하려 애쓰다가 문득 깨달았다. 내가 외모를 꾸미는 데 소질이 없고, 사실은 별로 좋아하지도 않는다는 점이다. 남들이 하고 다니는 모습이 멋있어 보여 거기에 맞춰가려고 애썼을 뿐 내 스타일은 아니라는 생각이 들었다. 평범한 외모의 사람은 평범한 옷차림이 어울린다는 것, 솜씨도 없이 어설프게 모양을 내는 것은 오히려 더 보기 싫다고 생각하게 되었다. 그 후부터는 내 외모를 담담하게 받아들이려고 한 것 같다. 아마 그 때 내 안에 나를 흔들던 어떤 바람 한 자락이 멈춘 때가 아니었나 생각한다.

과거에 자신이 겪은 어두운 기억이나 관계의 사슬 속에서 질곡에 시달리던 주인공이, 문제를 풀어나가며 이상적으로 자기를 찾아가는 드라마를 볼 때면, 나는 사람들의 실제 삶도 저럴 수 있다면 얼마나 좋을까 한다. 지난날 서로에게 준 상처는 대화와 눈물로 털어내고, 가슴 아프게 헤어진 연인도 저처럼 우연히 만날 수 있다면…….

실제로 상처는 그냥 덮어놓을 뿐이며, 용서와 화해는 그저 마음을 다스리며 살아가기 위한 노력인 경우가 많고, 한 번 어긋난 만남은 돌이키기 어렵다. 그러나 이러저러한 아픔을 더 이상 들춰내지 않을 정도의 평안을 갖게 되었을 때 자신 안에서 자기를 흔들던 바람 하나가 멈추었음을 느낄 것이다. 아마 그 바람은 멈춘 듯하다가 다시 불면서 나를 잠시 흔들어 놓을 것이지만 이제는 과거의 바람인 것이다.

세상과 삶에 무관심한 이방인 뫼르소조차도 죽음 직전, 어머니가 양로원에서 약혼자를 사귀며 왜 삶을 새로 시작하고 싶어했는지 비로소 이해한다. 그는 아무 것에도 관심이 없던 상태에서 죽음을 맞이하는 순간, 문득 햇빛 속에서 살의를 느꼈던 것처럼 잠시 삶에 갈망이 이는 바람 한 자락을 맞이한 것이 아닐까. 그 때 비로소 생의 마지막 시간을 지나가던 어머니에게 다가오던 봄날 같은 아쉬움을 자신도 느낀 것일까.

언젠가 무리를 지은 초로의 아주머니들이 점을 봐주는 듯한 젊은 남자 주위에 서서 자신들의 인생에 대해 진지하게 이야기하는 것을 본 적이 있다. 그 때 나는 세월이 저렇게 흘렀어도, 이제 어느 정도 자신의 인생이 결정된 후에도, 자기 삶에 대한 안타까운 기대가 있구나 하는 생각을 했다. 밤이 지나고 아침이 오듯이 이 세상에 완전히 멈추는 것은 없으며 다른 곳에서 다른 모습으로 다시 시작되는 법이라고.

너머

사람들이 걸어 다니는 모습이나 운동하는 것을 보면, 똑같은 법칙에 따라 움직이는 동작인데도 사람마다 다르게 표현하는구나 하고 느끼곤 한다. 어떤 이는 조심스럽게, 어떤 이는 격정적으로 운동을 하고, 누구는 힘없이 걸어다닌다. 그런 일상적인 모습 속에도 개인이 거쳐 온 시간과 성격이 드러난다. 그와 같은 경우를 책을 읽고 이야기를 나눌 때나, 누군가의 글을 가지고 평할 때도 본다.

남의 이야기를 할 때면 육식동물처럼 공격적인 것이 사람의 본성이어서일까. 나는 사람들이 타인의 작품을 가지고 평할 때 하는 신랄한 말들에 때로 놀란다. 나 또한 의식하지 못하는 중에 나타나는 자신의 거친 면을 느낄 때면 속으로 당황한다. 문명과 교양에 길들여진 사람들이 타인을 평가할 때면, 저 원시의 본능에 사로잡히는 것일까.

사람들은 뛰어난 안목과 남다른 식견으로, 평하는 작품의 미흡함과 문제점을 조목조목 밝힌다. 그래서 글은 아무나 쓰는 것이 아니며, 책은 가볍게 내는 것이 아니라고. 그러면 주변 사람들은 동의하듯 머리를 끄덕인다. 또 이 시대에 난무하는 책과 글의 가벼움과 그 공해에 대해서도 말한다. 글재주로만 글을 쓰는 것은 문제라 하고, 인생의 연륜과 지성이 녹아든 장년기 이후가 아니라면 글을 써서는 안 된다고 말하며 서로 맞장구를 치기도 한다.

사람에게는 그가 할 수 있는 일과 잘 할 수 있는 일은 다를 것이고, 세상에는 노력해도 안 되는 일이 있을 것이다. 누군가 무엇에 재주가 있다는 것은 그가 그 분야에 좀더 관심이 있고, 그래서 남보다 쉽게 접근하는 태도 정도가 아닐까. 재능은 노력과 수고를 통해 다듬어지는 보석이다.

사실 타인의 작품을 가지고 면밀히 분석하는 사람도 정작 자신의 작품은 미흡할 때가 많다. 사람들은 자기 자신은 잘 볼 줄 모르는 경우가 많다. 내 속에 뭐가 있는지, 내 작품에 무슨 허점이 있는지 놓치는 때가 허다하다. 그래서 사람은 타인과 세상의 평가와 인정에 반응하며 자신을 만들어 가는지도 모른다. 각자의 삶이 실수하고 다시 일어서는 과정 속에서 성숙해 가듯이, 글도 그와 같지 않을까.

노르웨이 작가 헨릭 입센은, 젊은 시절 극장의 예술 총무로 있으면서 거의 백여 편의 희곡을 썼다고 전해진다. 그 시절에는 극장에서 상연되었을 그의 대본이 지금 남은 것은 겨우 몇 편 정도라고 한다. 입센과 같은 대작가에게도 오랜 기간 동안의 습작기가 있었던 것이다. 발자크는 어느 노년의 화가가 완벽한 작품을 내놓기 위해 젊을 때 그린 초상화를 오랜 세월에 걸쳐 손질만 하다가 작품이 완성될 때는 점과 선의 덩어리만 남았다는 어이없는 이야기로 완벽과 걸작에 대해 생각해 보게 한다.

멀리 있는 어느 나라의, 상상으로 가늠되는 시대에 쓴 누군가의 작품을 가지고, 세상의 어느 한 귀퉁이에서, 그의 사상과 작품을 논하는 것을 본다. 그럴 때면, 세상에는 감출 수 있는 허점도, 드러나지 않는 재능도 없다는 생각이 든다. 그러나 그런 작품에도 완벽만이 존재하는 것은 아니다. 어쩌면 사람들이 찾는 것은 완벽한 작품 자체가 아니라 완벽을 향해 정진한 작가의 숨결인지도 모른다. 최선을 다해 작품을 만든 후에, 세상의 의견을 묻고 다시 고치고 만드는 그 반복된 작업 속에서 정말 자신과 세상이 만족하는 완벽에 가까운 작품을 내놓을 것이다.

완벽은 저 너머에 있다고 믿는 신의 영역인지도 모른다. 길가의 풀 한 포기, 꽃잎 한 장, 같으면서도 늘 다른 얼굴의 하늘, 알 수 없는 바다 그런 것들이 완벽일 것이다. 그리고 사람은 자연을 모방하며 하루하루 완벽을 향해 다가갈 뿐이다. 사람은 실수를 통해 자신을 돌아보고 부족함을 딛고 내면이 성장한다. 그래서 저 너머를 꿈꾸는 삶과 글은 아쉽고 안타깝기도 하다. 그러나 각자에게는 바로 그 한걸음이 소중한 것이다.

봄처럼 따듯하게

사람들의 눈을 피해 산 속에 살면서 소금 반찬에 밥을 먹던 사람이 민가에 내려와서 김치를 본다. 그는 김치 냄새를 맡는 순간 이 사이로 침이 흐른다. 침을 삼킨 후 손으로 김치를 집어 입으로 몰아넣고 씹으면서, 저도 모르게 김치 맛에 취해 스르르 눈이 감긴다. 그리고 문득 어머니가 떠오른다. 소설 태백산맥에서 휴전협상이 진행되는 동안 막바지 궁지에 몰린 어느 빨치산이 보여주는 한 장면이다.

몸이 좋지 않을 때는 별미를 대해도 먹을 수 없어 고통스러운데 식욕이 동한다는 자체는 긍정적이다. 마음이

상하는 일이 있을 때도 입맛이 없기 마련인데 그런 기분 때문에 먹지 않고 있다 보면 나중에는 배고픔에 겨워 음식을 찾게 되는 경우가 많다. 자신의 세계가 무너진 것 같은 상황에서도 굶은 육체는 해결을 요구한다. 잠시 후 먹고 싶은 욕망에 나를 맡기는 순간, 이전의 우울은 그런대로 견딜 만한 것으로 되고 다시 시작해야 하는 날들을 감지하게 된다.

그런 날이면 학창 시절에 본 영화 백치 아다다를 생각한다. 시집간 아다다가 어찌어찌해서 시댁에서 친정으로 쫓겨온 날 밤, 아다다는 친정에서 차려 준 밥상에 머리를 박고 먹어댄다. 그 모양을 본 친정어머니는 화가 치밀어 불쌍한 마음도 접고, 이 지경이 됐는데 밥이 입에 들어가느냐며 밥 먹는 아다다 볼에 종주먹을 들이대며 분통을 터트린다.

절망의 끝자락에 매달려 있다 해도 사람들은 먹는다. 아니 먹어야 하고 먹을 수밖에 없다. 슬픔과 절망도 나약한 육체 앞에 무릎을 꿇고 마는 허약함이 사실은 인간의 희망인 것이다. 아다다는 그 때 절망의 끝을 지나왔던 것일까. 아다다의 어머니는 분노를 넘어서는 어머니의 사랑이 딸에게 필요한 때라는 것을 모른 체한 것일까.

음식의 유혹은 가장 인간적인 삶으로의 초대 같은 것이다. 저승의 신 하데스와 데메테르의 딸 페르세포네를 결합시킨 것은 페르세포네가 지하세계에서 맛본 석류 한 알이다. 어머니는 아이에게 먹을 것을 주는 사람으로 역할을 시작한다. 요리에 살고 맛에 죽는다고까지 하며 풍성한 식탁을 자랑하는 프랑스인들이 프랑스 혁명을 이루어낸 것은 음식을 좋아하는 그들의 적극성과 자유로움이 바탕이 되지 않았을까 상상한다.

리처드 바크의 갈매기 조나단은 먹는 일보다 나는 일을 훨씬 가치 있다고 생각하며 자기 일에 열중한다. 주변의 평범한 갈매기들이 보내는 야릇한 시선에도 아랑곳 않고 그는 보다 완벽하게 나는 법을 연구하고 힘써 노력한다.

누구나 자신의 꿈을 위해 일상의 자잘한 기쁨쯤은 제쳐두는 마음이나, 속되고 작은 일에 전전긍긍하는 이웃들을 우습게 보는 오만한 시절이 있을 것이다. 사람에게는 자신이 추구하는 것이 전부이기도 하지만, 세월이 흐를수록 꿈은 멀고 현실은 가까운 게 보통 사람들의 생활이다. 꿈을 향해 날아가려는 의지와 먹는 일이라는 현실의 문제를 어떻게 할까라는 갈등에서 자유로워지는 날은 언제일까.

빨치산은 자신들이 원하는 세상을 위해 목숨까지도 희생한다. 그들의 그런 진정성이나 순수함이 놀랍지만, 현실에 근거하지 못한 이상적인 믿음으로 견딘 처절함이 마음 아프기도 하다. 사람이 대단해서 만물의 영장이기도 하지만 일상에 발을 딛고 살아가는 작은 존재이기도 한 까닭이다. 그리고 일상의 맨 처음에 자리하는 것이 먹는 일이다.

날마다 먹으면서 살아야 하는 사람에게 식사도 여러 유형이 있다. 배고픔에 겨워 맞이하는 음식이 있고, 절망에서 구원하는 한 끼니가 있다. 또 생활의 의무 같은 식사 시간이 있다. 일상의 변화를 주는 기분 좋은 식사는 행복처럼 빨리 지나가 버릴 것이다.

살아갈수록 평상시 아무렇지도 않게 하던 일상의 일들이 오히려 나를 구원하는 소중한 일이 되는 것을 깨닫는다. 내가 살아가는 동안 맞이할 많은 식사 시간은 봄처럼 따듯한 식사이기를 소망한다. 하여 반복되는 일상에서 지치지 않고 나를 가꾸어가는 힘을 얻을 수 있는 시간이기를 기도한다.

그래도 지구는 돈다

정류장에서 아직 오지 않는 버스를 기다리며 길게 뻗은 먼 길 쪽을 바라보고 있자면, 어릴 때 학교에서 들었던 둥근 지구에 대한 이야기가 떠오른다. 아직 지동설이 자리잡지 못한 시기에 뱃사람들 사이에서는 지구가 둥글다는 말이 떠돌았는데, 그 이유는 바다 저편에서 오는 배가 돛대부터 나타나기 때문이다. 만일 지구가 평평하다면 멀리서 항구를 향해 오는 배 전체가 작게 보이다가 가까워질수록 크게 보여야 한다. 그런데 지구가 둥그니까 멀리서 돌아오는 배의 가장 위쪽부터 서서히 드러난다는 것이다.

어느 해 연말 카프카의 변신을 각색해 만든 연극 한 편을 본 일이 있다. 그 때 연극에서 기억에 남는 것은 무대에 있는 배우들이 양동이에 가득 담긴 사과를 꺼내 거친 몸짓으로 바닥에 내리치던 어수선한 장면이다. 변신에서 벌레로 변해버린 아들 그레고르 잠자가 역겨워 아버지가 던진 사과를 그렇게 표현한 것이라 짐작한다. 그레고르 잠자를 향해 자신도 모르게 애증에 겨운 아버지가 던진 사과가 아들을 재기할 수 없도록 못박은 운명이었다면, 프란츠 카프카의 실재 아버지도 억압과 불화의 그림자로 아들의 마음을 어둡게 한 운명이었는지 모른다. 자수성가한 상인으로 지극히 현실적인 아버지와 지나치게 예민하고 생각이 많았을 카프카는 서로 이해하기 어려운 관계였던 것 같다.

이야기 속의 불운한 여인 카산드라는 앞날을 정확하게 예측하는 능력을 가졌으면서도 설득력이 없어 누구도 그녀의 말을 신뢰하지 않는다. 카산드라는 그리스군이 만든 목마가 선물이 아닌 것을 알았고, 결국 트로이가 그리스군에게 함락될 것임도 알았다. 심지어 자신이 어떤 함정에 빠져 죽을 것인지도 알지만 아무도 카산드라의 말을 귀담아 듣지 않았기에 다가오는 모든 불행을 막기는커녕 자신조차 피하지 못한다.

때로 내가 틀린 말을 해도 내 의견에 귀 기울여 주는 사람이 있다는 것은 값진 일이다. 반대로 내가 맞는 말을 해도 내 생각을 무시하는 무리들 속에서 견뎌야 하는 것은 괴로운 일이다. 마음 가득한 슬픔을 나눌 아무도 없을 때 체홉의 마부 이오나는 깊은 우수에 잠긴다. 사람들은 언제나 가까운 누군가에게 이해받고 싶어한다. 소통이 불가능할 때 우리는 함께 있어도 아무것도 아니다. 사랑이나 우정 같은 개인적인 행복 여부나 사회적인 성취의 승패가 판가름나는 가장 기본적이고 중요한 요소는 서로 간의 의사소통일 것이다. 그러나 언제나 완벽한 의사소통에는 한계가 있다는 점에서 앞서가는 과학자나 현명한 사람이 아니고서도 누구에게나 카산드라의 비애나 이오나의 우수는 마음 한구석에 갖고 사는 것이 아닌가 싶다.

지구는 우주 한가운데 있고 해와 달과 별들이 지구 둘레를 돈다고 믿어야만 했던 시절, 갈릴레이는 그만 이와 다르게 지구가 태양 주위를 돈다는 것을 알게 된다. 그는 생각으로만 안 것이 아니라 자신이 만든 망원경으로 직접 관찰하여 진실을 입증했으므로 더 위험한 인물이 되었던 것 같다. 누구보다 재능이 있었고, 수완이 좋았던 갈릴레이도 자신의 주장이 당시 권력자들의 지배 이데올로기에 맞지 않아 일흔의 나이에 종교 재판을 받고 연금 된다. 무릎을 꿇고 자신의 주장을 번복하던 갈릴레이도, 그를 지켜보는 재판관들도 이 모든 것이 거짓된 것임을 알고 있었을 것이다. 그러나 진실보다 중요한 것은 교회의 권력이었다.

아무리 작은 모임이라 해도 리더는 있게 마련이며, 그 리더의 성향에 따라 모임의 색깔과 분위기가 결정되는 경우가 많다. 모임을 이루는 구성원들은 리더나 헤게모니를 쥔 이들과 원만하게 지낼 수 있어야 적응하기에 좋다. 그것은 가정에서부터 시작해 사회로 확대되어 똑같은 법칙이 적용된다. 가정의 중심 역할은 아버지가 주로 맡는 편이고, 아버지가 어떤 분이냐에 따라 집안의 성격이 형성되는 경우가 많다. 카프카 불행의 시작은 집안에서 권력의 중심인 아버지와 소통할 수 없음이었고, 갈릴레이의 불행은 당시 권력 이데올로기와 대화할 수 없음에서 비롯된 것이라는 생각이 든다.

갈릴레이가 끝까지 자신의 주장을 굽히지 않았더라면 어찌되었을까. 아마 그는 교회의 권력에 의해 이단자로 지목되어 화형에 처해졌을지 모른다. 갈릴레이는 극단적인 운명을 피하고자 권력과 악수하고 연금 생활 속에서 자기의 학문에 몰두한다. 맹세를 마치고 무릎을 일으키며 그래도 지구는 돈다고 마음으로 생각했을 갈릴레이를 생각하면 권력의 위력과 함께 생활의 힘 같은 것을 느낀다. 꼭 목숨을 내놓지 않아도 진실은 그대로이고, 권력과 운명이 가혹하다 해도 자연도 삶도 냉정하게 흘러간다.

벌레로 변한 그레고르 잠자의 고통과 절망을 죽음으로 막을 내리게 한 것은 카프카가 이십구 세 때의 일이다. 그래서인지 그레고르 잠자의 운명을 다소 극단적으로 처리한 것이 작가의 젊은 나이가 한몫한 것은 아닌가 생각되기도 한다. 반면 무릎을 꿇고 자신의 연구 업적을 부정하며 고개를 숙이던 갈릴레이의 나이는 일흔이었다. 갈릴레이의 인생을 살피면 그는 정면 대결하는 타입의 사람은 아니었던 것 같다. 그는 노회한 학자이기도 했겠지만, 만일 갈릴레이가 카프카와 비슷한 나이에 종교 재판을 받아야 했다면 어떻게 대처했을까 싶기도 하다.

도저히 현실에 자신을 맞출 수도, 삶을 이해할 수도 없음을 극단적으로 보여주는 것도 삶을 사는 하나의 방법이다. 그러나 또 다른 상승을 위해 추락은 불가피한 것일 수 있고, 다시 일어날 수 있는 발판이 되기도 한다. 아직 젊은 카프카는 가는 시간 속에서 사람의 마음이 많은 상처와 좌절 속에 너덜너덜해진다는 것, 그 안에서 포기와 절망을 오가고서도 다시 삶에 매달리게 된다는 것을 생각했을까. 아니 카프카는 상처나 좌절의 문제를 넘어, 사랑과 공감이 없는 삶이라면 더 이상 아무 희망이나 의미도 없음을 적나라하게 드러낸 것인가.

정류장에서 먼 길 끝을 응시하며 바다와 배와 항구를 상상하는 내게도 버스가 오고 가듯이 삶이 지나가고 있다. 기대와 어긋나는 현실에 실망이 찾아오더라도 다른 길목에 또 다른 기회가 있을 것임을 믿는다. 그래도 지구는 돈다는 것을 보여준 갈릴레이의 인생은 그래도 삶은 계속된다는 그의 의지로 다가온다. 목적지가 다른 저마다의 버스가 오가고, 내가 탈 버스를 놓쳤다 해도 다음 버스를 기다릴 수 있으며, 그러다 뜻밖에 택시를 탈 수도 있고, 여의치 않으면 목적지를 바꿀 수도 있는 것이다. 아마 거기에는 절대가 무너지는 아픔이 따르겠지만, 자신에게 절대적인 그 누구나 무엇도 상황에 따라 상대화시킬 수 있는 유연성이 변화의 흐름 속에 사는 사람이 삶을 다루는 기술이 아닐까 싶다.

물에 포도주가 번지듯이

오래전 아시아의 탁구 여왕으로 영광을 누리던 선수는 시합 직전 꼭 괴성 같은 기합을 지르곤 했다. 사람들은 이것을 상대 선수의 기를 꺾어 놓으려는 것으로 짐작하며, 은퇴한 그녀에게 기합 소리의 의미를 물었다. 그것은 상대 선수와는 아무 관계가 없으며, 단지 시합에 임하며 마음을 안정되게 내려놓기 위한 자기만의 방법이었노라고 대답했다. 덧붙여 시합하면서 경기가 잘 풀려나가 내가 이기겠지 라는 마음이 들거나, 어떤 일로 마음이 움직일 때면 지고 말더라고 회상했다.

자신감이나 열등감 또는 분노나 질투와 같은 감정이

지나쳐 자기 감정에 휘둘리는 것을 그리스 신화에서는 광기에 사로잡힌 것이라고 표현한다. 신화에 등장하는 아주 뛰어난 인물이 뜻밖의 사건으로 감정이 폭발해 추락하는 것을 보면 마음이 짠해진다. 세상에서 가장 다루기 까다롭고 지배하기 어려운 것은 자기 마음이라고 하는데, 긍정적이거나 부정적이거나 상관없이 어떤 감정에 지나치게 치우쳐질 때 문제가 되는 것 같다. 그럴 때 자기 마음이 가라앉기까지 숨을 자기만의 밀실이 필요할 것이다.

동양 철학에서는 객쩍게 부리는 혈기를 객기라고 하는데 객은 손님이다. 손님처럼 일시적으로 오는 마음이 오히려 주인이 되어 평상시의 단정한 마음을 해치고는 그 감정을 이기지 못하고 하는 행동을 객기를 부린다고 말한다. 유교에서는 객기가 완전히 소멸되면 위대한 현인이라고 하는데, 아마 인간으로서는 거의 불가능한 경지일 것 같기도 하다.

언젠가 에밀리 브론테가 낳은 폭풍의 자식들인 히드클리프와 캐서린의 광기어린 사랑에 도취된 적이 있다. 격앙된 감정이 흘러넘치는 셰익스피어 비극의 주인공에게 빠져들어 나를 잊어버리기도 한다. 아마 그것은 그들의 이야기 속에서 내가 알지 못하는 다른 세상을 경험하면서도 내 마음 바닥에 흐르는 공통된 정서와 만나는 미묘한 감성이 합해진 때문이 아닐까 싶다.

셰익스피어가 만든 햄릿은 젊다. 억울하게 독살당한 아버지에 대한 원한과 어머니를 향한 애증 사이에 중심을 잡지 못하고 고뇌하는 인물로 등장한다. 햄릿과 오필리어는 서로 사랑하지만 이게 사랑인지 아닌지 헷갈려하며 방황한다. 오필리어는 자신의 사랑에 대한 확신 없이 사랑하다 미쳐가며, 햄릿은 자신이 무슨 일을 하는지 명확히 인식하지 못하며 죄를 저지른다.

반면 멕베스는 중년의 남자다. 멕베스와 그의 부인은 하나의 사랑과 이익으로 연결되어 서로의 욕망에 부응하여 왕을 배반하고 악의 소용돌이 속으로 빠져든다. 맥베스는 자신의 죄가 무엇이며, 그것의 결과로 나타나는 고뇌의 모습까지도 분석한다. 그러나 욕망과 죄의식 사이에 갈팡질팡하면서도 멈출 수가 없다. 이미 권력의 욕망에 영혼을 바쳤기 때문이다.

아직 어릴 때는 나를 둘러싼 모든 것은 저절로 내 곁에 있는 것으로 당연하게 받아들이며 감사를 모르기도 하고, 젊음의 격정에 휘말려 실수를 저지르고 후회하기도 한다. 그러다 나이가 든 후에는 자신의 한계와 녹록치 않은 세상을 충분히 경험하고서도 잘못을 하고 닿을 수 없는 욕망에 몸을 맡기기도 한다. 어긋나는 걸 알면서도 사랑이라는 이름으로 집착하고, 물질에 눈이 어두워 제 길을 잃기도 한다. 젊음은 잘 몰라서라는 이름으로 자신을 정당화하고 중년에는 내 마음을 어쩌지 못하여란 변명으로 자신을 합리화한다.

현실적으로 이건 아닌데 하면서도 마음을 억제하지 못해서 해버리거나 누군가에게 감정적으로 대응한 일에는 후유증이 많이 남는다. 뒤늦게 너무 간절해서 어쩔 수 없었다고 변명하지만, 사람들은 개인의 속사정을 섬세하게 보살필 만큼 여유롭지도 선하지도 못하다. 사실 누구나 자기만의 내적인 어려움과 곤란한 상황은 있기 마련이다. 세상은 그 모든 자기 한계를 지혜롭게 극복해 가는 성숙한 인격을 원한다. 세상의 질서라는 이름에 숨겨진 이런 억압 때문일까. 사람들은 자기 욕망에 몸을 맡기고 허우적대며 어그러지는 비극 속에서 등장인물의 고뇌에 심취하고는 다시 그들을 재생산하여 또 다른 이야기를 만들어가면서까지 카타르시스를 경험한다.

세상은 운동 경기를 통해 인간의 한계를 극복하고 승

리하는 인간을 찬양한다. 인간은 영광을 추구하는 존재인 것이다. 그런 자기 발전과 내적 성장을 갈망하지 않는다면 인간은 무엇이겠는가. 그럼에도 물에 포도주가 번지듯이 마음 구석구석까지 스며들어 마음의 빛을 변하게 하는 광기에 취한 인간들의 모습에서 진한 감동을 받는다. 그리스 신화 속에서 안타까운 결과로 기억되는 그들에게서 인간 내면에 잠재된 복잡다면하고 뜨거운 마음을 이해하며 공감한다. 그것은 온갖 고난을 극복하고 승리의 메달을 받는 선수를 보는 감동과는 다른 빛깔로 마음에 스며든다. 현실에서는 한사코 승리를 추구하며 자기를 가다듬으면서도 낙오된 자의 아픔에 눈물을 흘릴 줄 아는 감성이 있기에 인간은 안쓰러우면서도 위대하고 매력있는 존재가 되는 것이 아닌가 생각해 본다.

그대는 무엇으로 빚어졌기에

나치가 유럽을 장악하던 시절, 한 수용소에는 유태인 사형수들로 구성된 오케스트라가 있다. 그곳 수용소장이 음악을 좋아해 사형수들 중 음악 하던 사람을 모아 악단을 만든 것이다. 그들은 하루하루 생명을 담보로 연주하며 연명한다. 여기서 악장 바이올리니스트의 연주가 탁월하여 수용소장의 총애를 받는다. 어느 날 악장의 연주에 감명을 받은 수용소장이 그녀에게 원하는 물건이 있으면 구해주겠으니 말해보라고 한다. 바이올리니스트는 망설이다가 칫솔이라고 대답한다. 나중에 그녀가 실제로 칫솔을 받는데, 악단의 온 단원이 몰려들어 칫솔을 보고 감탄하며 경이로워한다.

어릴 때 드라마를 보면서 칫솔 광고를 만들 때 저 장면을 사용하면 좋겠다는 생각을 했다. 그런데 칫솔을 선물 받지 못한 나머지 단원들의 시기와 질투도 만만치 않다. 특히 같은 바이올린 파트 옆자리 동료의 질투가 가장 심한데, 그는 자신이 악장보다 연주 실력이 뛰어나지 못함을 알면서도 악장을 향한 질투와 견제로 인한 분노를 삭이지 못해 애를 태운다. 내일의 삶을 믿기 어려운 극단적인 상황에서도 사람의 마음이란 어쩔 수 없는 건가 싶었다.

세상에 존재하는 모든 것들은 차이를 통해서 정체성을 나타내고 세상의 질서를 유지하는 기본 조건이 된다. 남과 다른 자신만의 독특성이 자신을 규정지으며 자신만의 삶을 꾸려나가게 한다. 그러나 차이와 함께 공통적인 분모인 보편성도 가지고 있어 내 눈에 좋아 보이는 것은 남들 눈에도 좋아 보이게 마련이며, 희소가치를 두고 남과 경쟁하는 일도 필요하다. 자신을 인지하고부터 스스로도 모르는 사이에 타인과 나를 비교하는 의식은 교묘히 마음 밑바닥에서 솟아나오고는 한다. 그러다가 경쟁에서 좋고 나쁜 것이 가려지고 열등한 요인이 더 많이 발견될 때 삶이 괴로워진다. 아마 그 열등성에서 시샘과 부러움을 넘어 질투에 이르게 될 것이다.

질투는 지난날 유교적 관념에서 남편이 아내를 버릴 수 있는 이유가 되는 칠거지악 중에 하나에 속할 정도로 파괴적인 감정이다. 질투는 받는 대상도 불편할 테지만 질투하는 자신에게 더 큰 해악이 된다는 점에 그 참혹함이 있다. 오비디우스는 질투의 여신 인디비아가 사는 곳은 햇빛도 바람도 없고 불기도 없이 춥고 음침한 곳으로 묘사한다. 인디비아의 몸 역시 그런 음습한 곳에 어울리게 비쩍 마르고 치아는 변색되고 가슴은 시퍼렇게 멍들어 있다. 무엇보다 인디비아는 잠을 알지 못하고 늘 근심 걱정에 파묻혀 살며, 남의 좋은 꼴은 보는 것만으로 더 말라간다고 한다.

살리에리는 피터 셰퍼의 희곡 속에서 음악적 재능보다 식별력을 지닌 자신의 삶을 온전히 받아들이지 못한다. 그는 작가의 손을 빌려 말한다. 내가 비단에 싸여 살든, 부댓자루를 뒤집어쓰고 살든 아무 상관이 없다고. 어차피 모차르트가 되지 못할 바엔 다른 아무것도 되고 싶지 않다고. 가난한 고아 청년 리플리는 사회의 변방에서 이런저런 아르바이트로 생활을 꾸려가며, 상류층 사람들의 삶을 동경하다 기회를 얻는다. 리플리는 양지 쪽에서 멋지게 사는 톰을 흠모하다 우연한 다툼 끝에 톰을 제거하고 자신이 톰이 되어 그의 것을 누린다. 그러나 그가 톰으로 살아야 했을 때 그는 정체성의 혼란에 괴로워하고 옷을 빌려입은 날 이전으로 돌아가고 싶다고 고백한다. 만일 살리에리가 리플리처럼 모차르트로 변신하여 살아보았다면 자신의 삶을 받아들이기가 좀 수월했을까.

옛사람들은 말한다. 손에 닿을 듯 가까이 있고, 자신이 아무리 원해도 가질 수 없는 것은 가질 수 없다고. 그러니 맛없는 음식도 맛있게 먹고 재능 있음과 없음의 사이에서 즐겁게 노니라고. 삶에 초연한 듯한 이런 멋진 말에도 불구하고 맛없는 음식도 맛있게 먹기란 생각처럼 쉽지 않다. 또 사람이라면 재능이 발휘되는 곳에서는 오만해지기 쉽고, 재능이 없는 일에서는 열등감으로 처지기 쉽다. 흔히 행복과 불행은 마음먹기 나름이라고 하는데 사람의 마음이란 불변하는 것이 아니다. 그것은 상황과 처지에 따라 시시때때로 변하고, 타인과 환경의 반응에 따라서도 달라진다. 그래도 욕망에는 절제가 필요하며, 부정적인 방향으로 질투의 날이 설 때는 긍정적으로 승화할 수 있다는 데 위안이 된다. 재판도 변명의 기회도 없이 자신의 정적을 모두 해치운 네로 황제의 진짜 문제는 조언자도 경쟁자도 적조차 없었다는 점이라고 한다.

초등학교 저학년 때, 나는 가끔씩 눈에 띄는 단정하고 반듯한 고학년 선배를 보며, 나도 고학년이 되면 저렇게 의젓해질 거라고 기대했다. 중학교 때도 고등학교 시절에도 그랬다. 그러나 내가 육학년이 되고 고등학생이 되어도, 나는 어린 시절의 나 그대로인 것만 같아 실망스러웠다. 학년이 올라가도 내 문제는 색깔을 달리할 뿐 내 주위에 그대로 있었고, 견뎌내야 할 약점들도 꿈처럼 사라져주지 않았다. 어릴 때는 모든 삶의 문제를 해결할 열쇠를 가지고 있는 것처럼 보이던 아버지도, 마음만 먹으면 무슨 일이든 해줄 수 있을 것 같던 윗사람들도, 사실은 모두 약점과 고뇌를 안고 사는 사람일 뿐이다. 그들도 나처럼 욕구와 결핍과 우울과 환희가 뒤엉킨, 알 수 없는 마음을 지닌 나약한 이들이었을 것이다.

제 이차 세계대전 말 아우슈비츠 수용소에서 노예보다 못한 생활을 견디고 살아나온 사람이 쓴 글을 읽은 적이 있다. 그곳에서 아침 식사로 검은 빵 한 조각씩을 받고 보면 옆 사람의 손에 들린 것은 너무나 크게 보이고, 내 손에 들린 것은 눈물이 날 만큼 작아 보인다. 그래서 사람들은 자신의 불운을 탄식하고 옆 사람의 행운을 부러워하다가 어느 때는 배급받은 것을 서로 바꾸기도 하는데, 그러고 보면 다시 정반대의 착각이 일어난다. 이상하게도 현실은 자신과는 자꾸 어긋나는 것 같은데 파트너와는 일치하는 것 같기만 한 것이다. 나와 다른 어떤 특별한 행운으로 빚어진 듯한 타인도 알고 보면 이웃의 행복에 자기 인생을 저울질해 보는 것을 멈추지 못하고 있는지도 모를 일이다.

여섯

보물을 찾는 이에게 섬이 아름다워 보물이 있는 것이 아니라
보물이 있을 거라는 기대가 그 섬을 아름답게 하듯이,
마음을 사로잡은 환상이 사람을 움직이게 하여
열정과 기대로 끌고 가는 추진력 위에
자기 인생이 세워지는 것인가.

좁은 방에서 내다본 넓은 세상

가끔 화집을 볼 때면 화가들의 작업실 사진이 내 눈길을 끈다. 완벽한 무질서로 악명 높은 프란시스 베이컨의 화실, 빛과의 유희를 즐겼던 모네의 정원을 보면서, 저들에겐 세상사의 시달림을 피해 들어갈 수 있었던 자기들만의 세상이 있었구나 생각해 본다. 아마 꿈속에서 살 수밖에 없는 예술가들에게는 그들의 작업실이 바로 현실이었을 것이다. 그들은 진짜 현실의 문을 닫고 바로 혼자가 된 그 때, 자신만의 현실 속에서 세상과 만난 것이 아닐까.

초등학교 때 외가에 가면, 할머니는 내게 그렇게 방

에만 박혀있지 말고 좀 나가보라고 하셨다. 세상에 벼가 크는 것처럼 보기 좋은 게 어디 있겠느냐면서. 어릴 때부터 나는 방에 박혀 사는 아이였다. 집과 학교를 오가는 단순한 생활에서 늘 내 방 갖기를 소망했다. 혼자 즐길 수 있는 방에 대한 갈망 때문이었는지, 나는 식구들이 어디라도 갈 때면 아무도 없는 집에 혼자 있는 걸 좋아했다. 특별히 하는 일도 없이 시간을 보내면서 게으르게 집에서 뒹굴었다. 시골에서 자라며 아름다운 들판을 헤매 다니고, 들일을 하던 지난날을 추억하는 도시인을 볼 때면, 내겐 살아있는 추억이 없다는 생각이 들기도 한다.

방 안에 있다가 지루해지면 책을 읽었다. 내가 이제까지 알아왔던 것의 대부분은 책을 통해서가 아니었나 짐작해 본다. 사람들과의 대화보다는 갖가지 배경과 성격을 지닌 인물들이 나름의 의미를 찾아 헤매는 소설을 읽으며, 세상 모든 사람에게도 나처럼 꿈이 있고 아픔이 있고 생각이 있다는 것을 알았다.

루이 브라이가 일생을 바쳐 만들고 전파한 점자가 있었기에, 맹인들은 정신의 빛을 통해 어둠을 물리칠 수 있었다. 그가 만든 점자로 책을 읽을 수 있었기에 이십 세기의 기적이라는 헬렌 켈러가 암흑에서 빛을 찾았을 것이다. 프랑스혁명이 위대한 것은 자유 평등 박애라는 인류 보편적 가치의 씨앗을 뿌렸기 때문이다. 그것은 계몽주의자들이 만들어 민중에게 전파한 책이 있었기에 가능한 것이었다.

사람들은 결과물을 보고서야 생각을 나누지만 결정체가 나오기까지에는 혼자서 끊임없이 공부하고 연습해야 하는 긴 준비의 시간이 필요하다. 그것은 렘노스 섬에 홀로 남아 자기 발의 상처와 싸우며 세월을 견뎌야 했던 필록테테스와 같은 고통이 따르기도 할 것이다.

고독의 시간이 지나면 좁은 방에서의 꿈이 넓은 세상이라는 현실과 만나게 되고 그 만남이 긍정적일 때 행복해진다. 그러나 도스토예프스키가 천착한 몽상가 이야기가 말해 주듯이, 꿈과 현실이 만났을 때 그 몽상은 얼마나 허약한지 모른다. 그것은 부서지기 쉬운 연약한 날개 같은 것이다. 별을 보며 키운 작은 바람들이, 다음 날 아침의 태양 아래서는 흔적도 없이 사라지는 것은 그리 낯설지 않은 경험이다.

가치 있는 것에 반응할 때조차 세상은 무심하기만 하다. 그런 예는 인류 역사에 수없이 많다. 인쇄술 발명에만 일생을 바쳤던 구텐베르크도 평생을 빚더미에 시달리며 비참하게 생을 마감한다. 루이 브라이의 점자 역시 그가 살아있을 때는, 그의 끈질긴 노력에도 불구하고 널리 사용되지 못했다. 마흔네 살에 피렌체 공화국 서기관 직에서 해직된 마키아벨리는 실직에의 좌절과 복직에의 꿈을 키워 군주론을 세상에 내놓았다. 그러나 좁은 방에서 이룬 그의 꿈에 대한 당시 세상의 대답은 냉담하기만 했다. 그럼에도 진정한 가치는 언젠가는 스스로 빛을 드러낸다는 믿음에 위안받는다.

세상의 잡다한 일과 스캔들에 휘둘리다가도 마음을 다잡고 다시 시작할 수 있는 작업실이 있다는 것은 멋진 일이다. 아마 그런 이유로 화가들의 화실은 누군가의 눈길을 끌기도 하는 곳이다. 나아가 좁은 방에서의 꿈이 넓은 세상의 공감을 받을 수 있다면 행운을 얻은 사람일 것이다. 그렇지 못하다 해도 넓은 세상을 내다볼 수 있는 자기만의 방이 있다는 것 자체가 소중하고 아름다운 일이다.

안개는 걷히고

로마의 초대 황제 아우구스투스를 정치적 수완이 뛰어난 냉혹한 인물로 평가하는 역사가들이 있다. 힘겨운 옥타비아누스의 시기를 거쳐 아우구스투스로 자리를 잡고 목적을 이루기까지, 또 유일한 승자가 된 후에도 그는 주변 사람들과 다투지 않고, 그들의 의견을 수용하는 척하면서 자신의 의지를 관철시켰다. 그는 일 처리에 신중했으며 선불리 날카로운 속마음을 보이지 않았다.

현실을 제대로 보지 못하거나 자신이 원하는 세상만을 보려는 이에게 너는 틀렸다며 지적하는 것이 옳은지, 좀더 기다려주고 눈감아주듯이 수용하는 것이 좋은지는 사람과 상황에 따라 다를 것이다. 결국 어떤 방법이든 시간이 걸리더라도 진실은 드러나기 마련이다. 아무리 좋은 기술로 가리고 있다 해도 마음을 능가할 수는 없기 때문이다.

세상은 별로 공평하거나 친절하지 않으며, 인간의 몸과 마음은 기본적으로 약육강식의 논리로 진화되어 왔다는 것을 일찍 깨닫는 사람은 현실 감각을 빨리 터득한 사람이다. 보통 응석받이로 자란 이들이 이런 법칙에 둔감하다. 그들은 여러 번 너는 별 볼 일 없는 존재라는 암시를 받고도 그것을 이해하지 못하거나, 받아들이려 하지 않는다. 아니면 자신만은 특별해서 예외일 거라는 환상을 지니고 놓지 않는다.

요셉도 그런 아이였다. 아버지 야곱의 사랑을 차지한 요셉은 이복형들도, 주위사람들도 모두 야곱처럼 자신을 아끼고 사랑하는 줄 안다. 그렇지 않았다면 무슨 배짱으로 부정父情의 상징 같은 채색 옷을 입고서 들일을 하는 형들에게 찾아 갔겠는가. 요셉은 형들의 웃음이 비웃음인지, 증오의 웃음인지 질시의 다른 표시인지 알지 못한다. 그는 형들의 분노도 결핍도 모른다. 오직 자기애만 있는 어린 아이였던 것이다.

광야에서 요셉은 형들에게 잡혀 마른 우물 속에 던져진 채 혹독한 고생을 치르면서야 세상의 법칙을 깨우친다. 이 세상에는 모든 것이 두 개라는 것을 알게 되는 것이다. 야곱의 사랑만큼 형들의 미움이 있었으며 다시는 예전처럼 살 수 없으리라는 걸 짐작한다.

그래서 요셉은 이집트로 간다. 물론 형들에게 팔려갔다고 하지만 요셉의 선택이기도 했을 것이다. 그가 우물 속에서 올려졌을 때 어떻게든지 집으로 도망할 궁리를 했다면, 아버지에게로 갈 수 있지 않았을까. 이전과는 다른 세상을 알고 다른 자신을 경험했기 때문에 요셉은 야곱의 그늘로 돌아가지 않은 것이다.

여름 날 새벽의 대기를 가득 채운 안개가 짙을수록 한낮의 태양이 뜨겁듯이, 어린 요셉이 믿은 사랑이 완벽했기에 그의 충격과 깨달음은 컸을 것이다. 옥타비아누스의 위선처럼 사람을 마음 놓게 하는 아름다움이나 부드러움에는 어떤 잔인함이 스며 있는 것만 같다.

다른 사람의 눈으로 자신을 바라보면서, 자신의 진실을 발견한 우물 속에서 요셉은 어른의 마음에 한 발 다가선다. 하지만 그것만으로는 부족했는지 그는 나중에 또 다른 시련을 만나게 된다.

유년의 안개를 지나고서도 안개는 삶의 곳곳에 있어 우리를 혼란에 빠뜨린다. 모호한 안개가 걷히고, 햇빛을 가려주던 차일도 걷히고 햇볕이 정수리에 쏟아져 올 때, 우리는 나이가 들고 거기에 익숙하다고 체념해도 뜨겁고 아프다는 느낌에서 벗어나기 어렵다.

그러나 요셉은 안개가 걷히기 전의 시절, 타인의 절대적인 사랑을 믿고 자신의 결핍과 어리석음을 모르던 그 때를 가끔씩 그리워했을 것이다. 그는 햇볕이 내리쬐는 삭막한 현실을 어린 시절에 쌓은 자신에 대한 신뢰를 바탕으로 일어서지 않았을까.

로댕의 사랑이라는 실체가 벗겨진 후 카미유 클로델은 미쳐갔고, 오나시스와의 사랑이 좌절된 후 마리아 칼라스는 약물중독으로 쓰러졌다. 그들의 눈을 속인 안개는 너무 달콤하고 치명적이어서 그들이 다시는 햇빛 속을 거닐 수 없게 만들었다. 때로는 유혹에 빠지는 것이 삶을 풍요롭게 한다는데, 그들은 안개가 사라진 후 그렇게도 정신을 지탱하기 힘들었을까.

안개 걷힌 거리를 터벅터벅 걸어가며, 나는 우물에서 올려진 후 상인을 따라 이집트로 떠나는 요셉의 마음을 생각한다. 형들의 진짜 마음을 알아버린 후 그들에게 어떻게 처신해야 되는지 알게 된 그의 마음을. 마른 우물 속에서의 눈물과 외침, 애원과 배고픔이 지나간 후 그가 깨달았을 현실과 결국 자신의 상황을 받아들이며 담담했을 마음까지.

햇볕이 뜨거우면 얼마나 뜨겁겠는가. 사람은 모든 일에 적응할 수 있고, 해야만 하고 견딜 수 있는 에너지 정도는 있다. 환상이 사라진 자리에는 현실의 게임이 있다. 그것을 즐길 마음을 먹는다면 안개가 걷힌 후에야 진짜 삶이 시작되는 것이 아닐까. 햇빛을 안고 수없이 걷고 걸어야 하는 시간이 있기에 우리는 살아갈 수 있는지도 모른다.

사라진 나라

'사람들은 내게 이상하다고 합니다. 내가 유아적인 것들을 좋아하기 때문이지요. 그것을 통해 나는 내가 결코 알지 못하는 어린 시절을 보상 받아야만 할 운명이지요.' 마이클 잭슨은 '어린 시절'에서 이렇게 노래한다. 잘은 모르지만 마이클은 일찍부터 대중가수로 살아왔기 때문에 남들과 같은 평범한 어린 시절을 못 보낸 것 같다. 그래서일까. 그는 이 노래에서 나를 이상하다며 판단하고, 가까이하기 어렵다고 하기 전에 자신의 아픈 내면을 알아달라고 호소한다.

천식 발작과 낮밤이 바뀐 생활 습관으로 생의 마지막

십사 년을 밀폐된 방에서 작품을 쓰며 살았다는 마르셀 프루스트는 아주 행복한 유년 시절을 보낸 인물이다. 그는 유복한 환경의 사랑 가득한 부모님과 친척들의 관계라는 완벽한 배경에서 성장했기에, 어린 시절의 천국을 잃어버린 후 자신의 글로 사라지지 않는 천국을 만든 것일까. 섬세하고 아름답게 지난날 자신의 배경을 이룬 사람들의 운명과 삶의 모습을 기억과 상상을 동원해 재구성한 열한 권의 글 속에 간간이 비치는 사라진 날들에 대한 그의 회한과 탄식 앞에서 독자도 문득 세월을 느끼며 한숨짓는다.

물리적으로 남아있지 않고 순간순간 사라져버리는 현재 속에 살기에 나를 둘러싼 환경은 작은 것 하나도 애틋하고, 삶이 지나가는 시간은 소중한 만큼 안타까운지도 모른다. 반면 사람들은 자신이 대단한 줄 알고 살아가지만, 차를 마시며 담소하다가 누군가 나를 기억하는 사람이 던지는 몇 마디 말로 요약되어 지나가듯 아무것도 아닌 존재이기도 하다. 사람들은 모두 자기의 기억과 타인의 추억이라는 사라진 나라에 사는 사람들인지도 모른다.

삐삐 롱스타킹의 작가로 유명한 아스트리드 린드그

렌은 지나가버린 자신의 어린 시절을 '사라진 나라'로 표현했다. 아마 현실에서는 사라진 그 나라가 각자의 영혼 속에 살아 있을 것이다. 나는 그녀의 행복한 어린 시절 이야기를 읽고서 그녀 작품의 주인공들이 왜 그처럼 씩씩하고 생기에 넘치는지 알 것 같았다. 작가의 어린 시절이 그러했기 때문이다. 그러나 아스트리드 린드그렌은 새로운 출발에 서는 청소년시절 미혼모가 되는 어려움을 겪는다.

고향은 아마 두 가지 상반된 의미를 간직하고 있지 않을까. 하나는 마르셀 프루스트의 행복한 어린 시절처럼 다시 돌아가고 싶고 머물고 싶은 곳으로, 다른 하나는 열아홉 살 아스트리드 린드그렌이 시골 사람들의 쑥덕거림을 피해 대도시로 떠나듯이, 도저히 견딜 수 없어 벗어나고픈 곳으로. 나를 우습게 아는 이 곳, 내게 기회를 주지 않는 곳. 그래서 좁고 숨 막히는 이곳을 떠나 멀리 가고 싶은 열망이 우리를 밀어내는 곳이 다른 얼굴의 고향이기도 하다.

지나간 시간의 기억도 각자에게 두 가지 의미로 다가오는 고향과 같은 것은 아닐까. 지난날의 추억이 어떠하든지 마음에 새겨진 자신의 과거에서 벗어날 수 없으며,

각자에게 어떤 방향으로든 영향을 준다. 어린 날 안 좋은 기억으로 남은 것 같던 일들도 지나고 보니 주변 환경에 반응하던 나로부터 나온 결과물이지 싶다. 그건 그 때의 나였고 내가 어찌할 수 없는 나였던 것이다. 마이클 잭슨이 물기어린 목소리로 노래하는 '어린시절' 역시 자신의 결핍이라는 그 자체가 모티브가 되어 음악으로 만들어진 것이다. 세상에 해롭기만 한 사람은 없는 것 같다는 누군가의 말처럼 좋기만 하거나 나쁘기만 한 과거도 없는 것 같다. 사라진 시간 속에 서성이는 그 나라는 지나가버렸다는 이유 하나만으로도 애틋하며, 누구의 것도 아닌 나의 나라였다는 것만으로도 소중한 것이다.

오래된 자아

어느 모임의 일행과 버스를 타고 어딘가를 향해 가고 있었다. 버스는 힘겨운 비탈길을 오른 후에 학교 건물이 모인 데라고 짐작되는 곳에 도착했다. 차에서 내린 사람들과 나는 강당으로 들어갔다. 실내에 들어서서 주변을 보니 함께 온 이들이 보이지 않는다. 대신 갑자기 나타난 여러 낯선 무리들의 분주함 속에 있게 된 나는 어디로 가야 할지, 무엇을 해야 할지 모른 채 서성거렸다. 한참 후 나는 다른 방으로 옮겨져 일행을 만났다. 그들은 멋진 옷으로 갈아입고 여유를 부리며 담소를 나누고 있었다. 딱하게도 나는 알던 이들과 다시 만났으면서도 왠지 위

축되어 뭐가 뭔지 모르는 채 어색해 했다.

눈을 뜨니 꿈이다. 그래도 꿈이니까 괜찮다는 마음보다는 현실 안에서의 내 모습과 꿈속의 상황이 비슷하다 싶어 마음이 외로워진다. 삶이란 하루하루가 새 날이듯이 마음 또한 항상 새 마음이기 때문일까. 내가 잊고 극복했다고 믿은 고뇌가 다시 솟아오를 때면 인생은 그저 끝없는 반복의 다름 아닌가 싶어진다.

살아오면서 진정으로 내가 원한 것은 제대로 가져보지도 못한 채 그럭저럭 지내온 것 같기도 하고, 사실은 내가 정말로 바라는 것이 뭔지 잘 모른다는 생각도 든다. 스스로에 대해서조차 모호하게 인식하다보니 내 가능성도 바라는 바의 확신도 없이 흘러가는가 싶다. 이런 생각에 사로잡힐 때면 나를 돌아보며 되묻는다. 이렇게 살아도 괜찮은 거냐고.

뭔가를 선택하여 어느 만큼 하고, 어디까지 가보면 길이 보여 남들처럼 안정감을 누리고 살리라는 기대를 한다. 그런데 거기까지 가보면 희망은 내 어리석음을 증명이라도 하듯이 사라져 버리고, 정작 뭐가 뭔지 모르겠다는 느낌과 그 동안 뭘 했나 하는 자괴감에서 벗어나기 어렵다. 이 일이, 이 사람이 맞겠지 하고 찾아간 길에서 다시 막다른 골목에 이른 느낌이 들고는 한다.

어른의 지시에 억지로 움직이는 아이처럼 예상하지도 원치도 않은 상황에 대처하다가 여기까지 온 것 같다. 저절로 어떻게 되겠지, 누군가 해주겠지 하는 안이한 환상 속에 허우적거리며 버티다가 막바지에 가서야 내 손으로 하지 않으면, 스스로 애쓰지 않는 한 아무것도 될 수 없음을 실감하는 그 때에야 꾸무럭대기 시작하는 것이다. 변화를 강요당하지 않고는 움직이지 않는 내 속성을 운명이 미리 감지하고 나를 끌고 온 것일까. 별다른 의욕도 없이, 남다르게 챙겨주는 이도 없이 홀로 헤쳐 온 내 시간들이 기적이었나 싶기도 하다.

그렇다면 나를 키운 것은 막다른 골목에 선 자의 위기감이었을까. 시작과 과정 가운데서 나를 에워싸는 막다른 골목에 다다른 느낌이 오히려 나를 삶 속으로 던지게 하는 추진력이 되었는가. 그런 절박함이 나로 하여 뭔가 하지 않을 수 없도록 만들고, 막다른 골목에 이르러서야 비로소 그럼에도 삶은 체험하고 누려야 한다는 교훈이 작용하여 나를 다시 시작할 수 있도록 이끈 것 같기도 하다.

개방적인 성격으로 생애 내내 지속된 명성과 부유함

속에서 세속적인 성공을 거둔 행복한 화가였다고 기억되는 루벤스는 자화상을 별로 남기지 않았다. 그에 반해 굴곡진 사생활 가운데 자신의 예술적 한계 속으로 파고든 렘브란트는 자기 분석을 통한 자화상을 많이 남긴 화가로 유명하다. 지나친 자기 응시는 고단한 인생을 가져오는가. 아니면 삶이 고단했기에 자기 속으로 파고든 것인가.

꿈속에서처럼 북적대는 사람들의 웃음소리 곁에서 소외감에 젖을 때나, 세상의 속도와 경쟁에 아연할 때면, 문득문득 박탈감이 느껴지며 알 수 없는 무력감이 나를 무겁게 한다. 지나가는 삶 속에서 자기 시간이 고통으로 다가오는 때는 위험한 함정에 빠지기 쉬운 순간이다. 그것은 지루함이나 불안과 같은 막연한 얼굴로 다가와 마음을 휘저어 감정의 질곡에 빠지게 할 수 있다. 그럼에도 이런 복잡한 감정들이 감수성을 키우고, 고통의 에너지를 승화하여 자기 시간을 보내는 방법에 따라 자신이 만들어지는 방향이 잡히기도 할 것이다.

그러나 알 수 없는 세월 속에서 외로움이 지나쳐 나를 속박하지 않기를, 실망감이 차올라 내 마음을 할퀴지 않기를. 버리지 못한 어떤 감정이나 상황이 달려들어 나를 넘어뜨리지 않기를 소망한다. 하늘은 파랗고 햇빛은 가득한데, 내 시간은 어이없이 지나가버리고 어쩐지 무엇에인지 모르게 속은 것 같은 기분이 밀려들 때도 있을지 모른다. 하지만 그것만이 전부는 아니었다고, 분명 나만의 세상이 있었다고 내게 확인할 수 있기를. 그리하여 나도 그 많은 삶의 주인공들처럼 모든 것이 나를 위한 가장 좋은 선택이었으며 운명의 심부름이었다고 말할 수 있게 되기를. 이러한 긍정과 초월 사이에서 움켜쥔 자아를 내려놓고 더 큰 나가 되어 가볍고 빛나게 날아오를 수 있기를 꿈꾼다.

다음 페이지에는 무엇이 있을까

언젠가 분홍 원피스를 입고 거울을 보며 옷매무새를 만지는 꿈을 꾼 적이 있다. 꿈은 곧바로 잊혀지거나 시간이 지나고 나면 희미해지는데, 그 꿈이 오래 기억되는 것은 색깔 때문인 것 같다. 분홍이 지닌 정서는 사랑이라고 한다. 그래서 사람의 지친 마음을 치유하는 색이라 해석하는 이도 있는데, 분홍이 주는 부드러움이나 포근한 내 느낌을 떠올리면 수긍이 간다.

어릴 때 분홍 블라우스를 입은 기억이 나기도 하지만 특별히 추억하는 것은 중학교 다닐 때 신은 운동화이다. 나는 연한 분홍색으로 된 운동화를 처음 본 순간부터 마음에 들었고, 거의 일년 동안을 그 신발만 신고 다녔다. 다른 신발이 없었던 것도 아닌데 항상 그 운동화만 신은 탓이었는지, 운동화도 낡아갔을 테지만 그래도 별 생각 없이 신고 다닌 것 같다.

내 운동화의 낡고 허름함을 깨우쳐 준 분은 동네 구멍가게 아저씨다. 뭔가를 사러 가게에 갔는데 주인아저씨가 나를 보더니 묘하게 웃으며 한마디 던졌다. 너의 부모님은 신발도 사주지 않느냐고. 그때야 나는 운동화가 남들 눈에 얼마나 남루하게 보이는지 깨닫게 되었다. 그리고 내가 생각하는 나 자신과 타인의 잣대로 잰 내 모습이 다를 수 있음을 어렴풋이 인식한 거 같다.

일상을 살면서 자신이 가진 갖가지 소유물에도 취향에 맞고, 특별히 좋아하는 것이 있다. 나아가 각자의 일이나 취미, 사람에게도 그냥 좋은 대상이 있기 마련이다. 생각해보면 사람들은 좋아하는 것을 손에 넣기 위해 얼마나 애쓰는가. 맘에 드는 물건을 사고 싶어 안달하고, 원하는 학교에 들어가려 노력하고, 좋아하는 사람과 함께 있고 싶어하고. 그것은 때로 열정이라는 이름으로 다가와 그 대상에 치우친 애정을 바치게 한다.

지금 일반적으로 알고 있는 공룡 화석을 처음 발견한

이는 메리 애닝이라는 영국 여성이다. 사람들이 화석이 무엇인지도 모르던 시대에 가난한 시골 소녀가 화석이 좋아 바닷가 근처에서 망치를 들고 다닌다. 메리 애닝은 여자가 이상한 일을 한다고 해서 동네 사람들에게 배척당했고, 제대로 교육받지 못한 가난한 여자라는 이유로 화석 학회에서도 대접받지 못했다고 한다. 그래도 그녀는 어릴 때부터 화석 채집하는 일을 무조건 좋아했으며, 끝내 그것이 생업이 되었고, 그녀 삶의 의미였으나 외로움과 시련의 원인이기도 했다.

재능과 열정 사이에는 어떤 관계가 있을까. 남자는 모든 것을 바꾼다 해도 열정만은 바꿀 수 없다는 생각으로 살인범이 아주 좋아하는 것을 알아내 범인을 잡는 영화가 생각난다. 자신이 좋아하는 것이 도리어 약점이 되는 것은 사람이 마음을 사로잡힌 대상에게는 약해지기 쉽기 때문이다. 때로는 열정을 갖고 매달리는 것 자체가 재능일 수 있다. 내가 가장 사랑하는 것은 프랑스인이 내게 입혀준 한 벌의 군복이라고 했다는 나폴레옹의 말은 아마 진실이었을 것이다. 그가 원했던 많은 것을 이룰 수 있었던 바탕과 무너진 이유가 군사적 재능에 있었기 때문이다.

불가능은 없다고 외치며 험준한 알프스 산을 넘는 나폴레옹을 읽으며 자란 아이들은 불굴의 정신을 배울지도 모른다. 그러나 그런 그에게도 불가능은 있었고, 불가능은 없다 앞에는 자신에게 맞는가, 정말 하고 싶은가라는 기본 조건이 필요하다. 세상의 공감을 얻기 전에, 연주가에게는 내면에 살고 있는 자신만의 팬이 있어야 하고, 작가에게는 자신 안에서 애타게 기다리는 독자가 있어야 하지 않을까.

사람에게든 일이나 취미에게든 정을 붙이지 않고는 삶을 견디기 힘들다는 것은 이상한 일이다. 사람은 끊임없이 자신을 뭔가에 바치도록 프로그램되어 있는 뇌를 갖고 있는 것인지도 모른다. 사람은 자신이 마음을 주는 그런 가느다란 끈 하나에 매달려 사는 것은 아닌가 싶기도 하다.

재미있는 책을 읽으면 다음 페이지에는 무엇이 나올까 궁금해진다. 저 너머 세계에는 무엇이 있을지 상상하며 미소 짓게 하는 어떤 것. 좋아한다는 것은 그런 마음이 아닐까. 별다른 내용이 나오지 않더라도 그런 호기심을 주는 자체가 자신이 좋아하는 것들이 베푸는 미덕인지도 모른다. 하지만 아무리 좋은 책이라 해도 모든 페이지가 재미있지는 않다. 어떤 책이든 지루해서 그냥 건너뛰고 싶은 부분이 있기 마련이다. 그럼에도 이 심란한 부분을 견디어 가다보면 뭔가 나오겠지 하는 마음으로 나가는 한걸음 한걸음이 나를 이룬다는 생각을 한다.

비싸지 않았을 분홍 운동화 한 켤레에 흐뭇해하던 나를 떠올리면, 뭔가에 대한 호감은 이유 없이 시작되기도 하고, 한 때나마 마음을 준 것에는 그것이 한 때의 소모품으로 버려진 것이라 해도 마음 한구석에 남아 있는 것 같다. 다른 이들처럼 나도 나이에 따라 원하는 것을 바라며 그것을 얻기도 하고 놓치기도 하며 살아왔을 것이다. 그러면서도 내 마음 깊은 바닥에서는 늘 문학을 향한 그리움을 안고 살아오지 않았나 생각한다. 어쩌면 이런 내 모습은 남들 눈에 중학교 때 구멍가게 아저씨가 본 낡은 분홍 운동화처럼 남루해 보일지 모른다.

세상의 시선에 주눅 들지 않고 자기 삶의 다음 페이지를 궁금해하는 것은 경험을 능가하는 기대와 희망이 주는 마법이다. 그것은 기대와 실망을 오가는 많은 사람들에게 판도라가 남긴 마법의 분홍 설탕 같은 것일까. 어쩐지 오래전에 경험한 어색한 감정이 되살아나 마음이 이질적인 공기 속을 떠도는 느낌으로 어지러워질 때 그

설탕 두 조각이 준비되어 있으면 안심이 될 것 같다. 그 분홍의 온기는 내 속에 퍼지며 이제 괜찮다고 다시 내 페이스를 찾아 멋지게 유영할 수 있다고 조용히 속삭여 줄 것이다.

이야기를 꿈꾸다

사랑하는 남자와 둘만의 결혼식을 위해 교회에 들어가려던 여자는 급하게 뒤쫓아 온 남자의 어머니와 마주친다. 어머니는 평소에 갖고 있던 우아함을 떨쳐버리고, 심하게 여자를 몰아세운다. 감히 너 따위가 우리 아들을 넘보다니, 어림없는 소리. 만일 네가 이 문을 열고 들어갈 경우 너희 집안을 풍비박산 내겠으니, 부모와 남자 중 하나를 선택하라고 으름장을 놓고는 멀리서 여자를 지켜본다.

남자는 교회 안에 서서 여자가 오기를 애타게 기다리고, 여자는 교회 밖에서 문의 손잡이를 잡았다 놓았다하며 갈등한다.

이 장면을 보는 시청자는 착한 여주인공이 또다시 사랑하는 이와 맺어지지 못할까봐 가슴을 졸이며 안타까워한다. 드라마 이름과 배우의 얼굴, 배경만 바뀔 뿐 뻔한 스토리를 쓰고 또 쓰는 작가들과, 이와 비슷한 숱한 이야기를 연기하는 배우들, 또 유사한 이야기를 반복해서 보고 들으면서도 매번 가슴이 울렁거리는 사람들.

신데렐라나 콩쥐팥쥐류의 이런 연속극이 끊임없이 재생산되면서도 이야기로서 재미나 가치를 주는 이유는 사람들 마음속 깊이 잠재된 사랑을 향한 열망 때문이 아닐까 싶다. 아니 어찌 거기에 사랑만 있을까. 착하고 너그러운 마음으로 살아야 한다거나 인과응보의 법칙과 같은 교훈이나 신분 상승의 욕구도 있고, 변화에 대한 갈망도 있을 것이다. 사실 그런 이야기 안에는 개인이 가진 삶의 모든 욕망들이 충족을 기다리며 방황하고 있다.

여자는 결국 교회 안으로 들어가지 못한다. 거듭되는 사랑의 시련에 남자 주인공은 분개하고, 여주인공은 그런 남자를 몰래 지켜보며 말없이 떠나보낸다. 그녀는 차마 부모를 저버리면서까지 남자에게로 가지 못한다. 착한 주인공이 어떤 좋지 못한 동료를 만나 속임수에 빠지고, 마음을 다치는 고생을 해도 결국은 승리한다는 믿음은 전래 동화가 주는 정서적 안정감의 하나다. 어려움을 이기고 승리하는 동화 속 주인공의 화려한 부활을 믿는 시청자는 안다. 다시 그들은 만나게 되고 맺어질 거라는 것을.

나는 드라마를 보며 생각한다. 낙랑공주는 호동왕자를 위해 자명고를 찢었고, 메데이아는 이아손을 위해 친동생을 처참하게 죽인다. 스퀼라는 아버지의 왕국을 지켜주는 보랏빛 머리카락을 훔쳐 미노스에게 바치고, 아리아드네는 실꾸리로 적국의 왕자 테세우스를 돕는다. 그랬음에도 이들은 모두 남자에게 버림받는다. 아버지의 조국 카자크를 버리고 폴란드 여인을 위해 싸운 불리바의 아들 안드리. 그의 어긋난 희생도 사랑을 얻지 못했지. 시간이 걸리더라도 도리를 저버리고는 사랑도 얻을 수 없는 법이라고.

어릴 때 나는 교회에서 들려주던 성서 이야기에 압도된 기억이 있다. 거기에는 거의 벌거벗은 고대인이 맨손으로 사자를 찢어죽이기도 했고, 나팔 소리로 거대한 성을 무너뜨리는 마술도 있었다. 살과 피가 튀는 고대인들의 이야기에 취해 돌아오면, 나는 한동안 공포에 사로잡혀 다음 날 이불 속에서 빠져나오기가 두려웠다. 그 때 나는 이야기 속의 세상과 내가 살아가는 세상을 잘 구분하지 못했던 것 같다.

어른이 되어 나는 세상 속에서 다시 옛이야기들을 만난다. 해외로 입양되어 자란 숙녀가 친부모를 찾아 고국을 방문하고, 돈 때문에 아이를 유괴하는 사람을 보기도 한다. 그럴 때면 먹을 것이 없어 아이를 숲 속에 버리고, 그 아이를 잡아가는 식인귀 동화가 중세의 어두운 이야기만이 아니라 지금 이 세상의 현실일 수 있음을 생각한다. 수금 연주로 저승의 신조차 감동케 하고, 피리 소리 하나로 동네의 모든 아이들을 흔적 없이 데려가며, 아르고스의 백 개나 되는 눈을 잠들게 한 이야기에서, 나는 음악이 주는 위로와 열락의 이미지를 읽곤 한다.

현재의 순간이 과거가 되는 현실에서 이야기는 과거의 재구성이 되어버리고, 그런 이유로 이야기는 미래처럼 꿈으로 변형되기도 한다. 사람들은 자신의 관점에서 지나온 날을 재편집해 들려준다. 자기 이야기를 하고 싶은 인간의 본능적인 욕구는 큰 잘못을 저지른 사람까지도 감춰진 죄를 고백하게 만든다. 매일 보는 강아지는 별다르게 생각지 않으면서도, 그 강아지를 그린 그림에는 특별해 하듯이, 각자의 삶도 하나의 이야기가 되는 순간 꿈같은 추억으로 자리 잡는다.

임금님 귀는 당나귀 귀라고 대나무 숲 속에 구덩이를 파고서라도 외쳐야 했던 이발사처럼, 나는 우편함에 넘쳐나는 소식지와 책들을 보며, 무심한 세상에서 자기표현에 목말라하는 많은 소리들을 듣는다. 나는, 나는, 나는이라고 아우성치는 사람들의 오만과 갈증을 담지 않은 마음이 있을까.

사람들이 드라마나 책으로 만나는 이야기에 끌리는 것은 등장인물들이 제대로 알지 못하는 현재의 상황이나 그들의 속마음을 신처럼 알 수 있기 때문이기도 할 것이다. 실재의 사람들은 두 눈을 가리고 현재라는 시간의 벌판을 건너가야 한다. 한참이 지나고서야 그 때의 진실을 어렴풋이 짐작할 수 있는 경우가 허다하다. 또 주변사람들의 마음을 객관적으로 살피거나 너그럽게 헤아리기도 어렵다. 바로 그 헤아릴 길 없는 사람들 마음속 공통분모를 찾는 즐거움 때문에 사람들은 누군가 만들어놓은 이야기에 몰입하는지도 모른다. 그리고 어느 때는 공통분모 속에 자신의 그림자도 있음을 짐작할 것이다.

기나긴 삶의 끝자락에 남는 것은 각자가 만든 이야기

가 아닐까. 최후의 승자는 지난날을 돌이키며 이야기할 수 있는 자인지도 모른다. 긴 여행에서 모험을 끝내고 돌아와 자신의 지나온 이야기를 돌에 새기는 길가메시처럼, 사람들의 삶도 그저 하나의 이야기로 남는 것이다. 그 이야기를 남기고 싶어 사람들은 후손을 낳아 기르고, 글을 쓰는 것은 아닌지. 인간은 유한하기에 마음 깊이 불멸의 욕구를 감추고 있는 게 아닐까. 오비디우스는 변신 이야기를 마치며 로마가 정복하는 땅이면 그 땅이 어느 땅이건, 백성들은 내 시를 읽을 것이니, 나는 작품을 통하여 불멸할 것이라고 단언한다.

생활에 지칠 때면 세상은 거대한 연극 무대이고 각자는 자기 역할에 따른 연기를 하는 거라는 말이 떠오른다. 그래, 나한테 맡겨진 배역은 이런 거란 말이지 하고 생각하면 마음이 좀 가벼워지는 것 같기도 하다. 자신을 에워싼 환경 속에서 자기 역할에 분주한 사람들의 하루는 개인의 이야기에 다름 아니다. 꿈과 현실, 낮과 밤이라는 배경 속에서 사람들은 자신의 이야기를 써내려간다. 이야기를 쓰되 그 이야기를 넘어서는 그 무엇도 함께 쓸 수 있기를 바라기도 하면서.

에필로그

논과 논 사이로 난 이차선 도로 한편에 야생 산딸기 무리가
백 미터 넘게 이어져 있었는데 빨갛게 익은 산딸기가 터질 듯했다.

그 때 길에서 만난 야생 산딸기의 영상은 내 기억 속에
화려한 꿈처럼 남아 있다.
외가도 외할머니도 사라져버린 지금
다시 그곳을 찾아간다면 그 산딸기를 찾을 수 있을까.

비단 한 필로 조선 팔도를 덮다

문학은 어린 내 마음을 사로잡은 오래된 꿈이다. 작은 재주 하나로 큰일을 도모하려 애쓰던 어느 젊은이를 두고 비단 한 필로 조선 팔도를 덮으려 한 이라 하시던 어머니의 회상을 기억한다. 예전에 흘려들은 이 말이 지금 돌아보니 나도 그런 젊음이 아니었는지 의심스러워진다. 말 타고 문 나서니 갈 곳을 모르겠다던 조선시대 한 문인의 한탄은 내 한숨이기도 하다. 갈 곳도 오라는 데도 막연하던 젊은 날의 불우함과 내 속 깊은 꿈이 만나 나를 수필 쓰기에 몰두하게 하였는가.

여기 모은 글들은 오래전부터 계간수필과 과천문학 등 몇몇 잡지에 실었던 작품 중에서 모은 것이다. 내 책꽂이 한쪽을 차지하고 있는 그 잡지들을 보면 문득 지나가버린 나의 한 시절을 떠올리지 않을 수 없다. 활자로 된 내 글이 나오는 책을 보며 살아있음을 확인하던 내가 거기 있는 것이다.

그동안 쓴 글을 모아 책을 만들자 할 때는 작품이 많다고 여겼는데, 아쉽지만 그냥 놓아두어야 할 글이 있었고, 다시 읽고 정리하는 과정에서 고치고 다듬는 일이 번거로웠다. 가라앉은 마음에 누가 책 내라고 닦달하는 것도 아니어서 그럼 다음에 하자고 미뤄놓았다. 그러다 어느 화가가 자신이 그린 초상화의 완벽성을 위해 오랜 세월에 걸쳐 손질만 하다가 완성품일 때는 선과 덩어리만 남아 어이없이 끝나버리는 이야기를 읽고는 마음을 고쳐먹었다. 여러 가지 해석이 가능한 이야기지만 미루기 잘하는 내 습관과 자신 없는 마음에 나도 미지의 걸작을 기다리다 정작 할 수 있는 것조차 놓칠 수 있겠다는 마음에 용기를 낸다.

번잡스러운 세상으로 향한 문을 닫고 내 안으로 들어와서 본원적인 나를 돌려받고자 나 자신과 마주했을 때, 내가 건너와야 했던 지난 시간들 속에 숨은 회한들조차 서서히 삶의 한 부분으로 너그럽게 이해될 때 수필은 시작된다. 나와 더불어 홀로 있는 시간에 수필은 자라고, 더 이상 자기 안에만 머물 수 없는 생각들이 세상의 이야기로 자리 잡는다.

잠들지 않는 밤, 혹시 이 책이 내 젊은 날을 지켜준 나의 비단 한 필은 아니었는가 하는 엉뚱한 생각을 한다. 나도 어머니가 회상하는 그 안쓰러운 젊은이처럼 자신만의 비단 한 필로 조선 팔도를 덮고 싶었던 것일까. 세상이 나를 위해 있는 것만 같던 시절이 지나고 보니, 잊혀지는 세월 지워지는 기억 속에 이 글들이 남아 지나간 내 삶의 흔적을 확인해 주는 것 같다.